二十四節気の
お味噌汁

山田奈美

WAVE出版

味噌汁はごちそう

少々大げさかもしれませんが、我が家の味噌汁は日本一だと自負しています。「いただきます」をして、最初に味噌汁をひと口。その瞬間、「う――ん」「はぁー」と、うなる声が聞こえると、心の中で思わずガッツポーズをしてしまいます。だしと味噌と具材。とてもシンプルな組み合わせなのに、心と体を瞬時にほぐし、口にした人をひと口でうならせる力があるのです。そういう味噌汁を作れたら、お家の料理はもうそれで十分ではないでしょうか。

味噌汁のすばらしいところは、なんといっても体によいところ。毎朝飲むことには少々うんざり顔の息子にも、「お味噌汁は薬だからね」が、私の口癖。味噌の発酵パワーはもちろん、野菜や海藻、肉や魚などご加える具材でさまざまな栄養素や成分を摂取できるのが利点です。バリエーションは無限大で、どんな具材でも包み込んでくれる包容力の深さがあります。あまり扱い慣れない素材でも、どんなレシピにしようか迷ったときも、味噌汁であれば受け入れてくれるはず。菊花を浮かべたり、ふきのとうを加えたり、その時期に出回る旬の素材を合わせれば、普段の食卓に手軽に季節感を取り入れられます。一杯のお味噌汁が、おもてなし料理にもなれば、ボリュームのあるおかずにもなる。そして、季節のトラブルを防ぐ養生食にもなる。こんなに柔軟で懐の深い料理はちょっと他には見当たらないのではないでしょうか。

調理がシンプルで簡単なのに、極上の味わいを生み出せる味噌汁。ぜひ今日からあなたも味噌汁名人になって、日本一と自負できる我が家の味を作り出しましょう。

山田奈美

二十四節気のお味噌汁 目次

秋 74

本書の表記について

・味噌汁の材料は2人分で表記しています。
・計量の単位は大さじ1は15㎖、小さじ1は5㎖です。
・吸い口の分量は特に表記していません。適宜ご用意ください。
・味噌の塩分は、米味噌11%、白味噌7・5%、豆味噌10%のものを使用しています。お使いの味噌によって塩分が違う場合がありますので、分量は調整してください。

我が家の朝の一杯

朝は排泄を促す味噌汁だけでも十分

我が家の朝ごはんは３６５日ほぼ和食。そしてほとんど毎日、味噌汁を飲みます。ご飯は食べなくても、味噌汁だけ飲む日もあります。薬膳の考え方では、朝は排泄の時間。朝は大腸が１日のうちで最もよく働いて、不要なものを体外に出そうとします。この体のサイクルを邪魔しないように、朝は消化のよいものや排泄を促すようなものをとるのが自然です。朝の味噌汁は、この排泄を後押しするのにぴったり。腸内環境を整える発酵食品の味噌や水分、野菜の食物繊維などを含み、消化に負担をかけることなく便通を促してくれます。味噌汁だけですませることもある我が家の朝の一杯は、ビタミンやミネラルを含む野菜、主食の代わりとなる芋類、食物繊維の多い海藻など、いろいろな栄養素がとれるものを用意します。何でも入れられて、だしと味噌で一つにまとめてくれる味噌汁だからこそ、この一杯だけでも朝ごはんが完結するのですね。

材料（３人分）

- たまねぎ……1/2個
- じゃがいも（大）……１個
- わかめ（乾燥）……3g
- 納豆……60g
- 長ねぎ……5cm長さ
- だし汁……450ml
- 玄米味噌……大さじ２強

作り方

たまねぎは薄切り、じゃがいもは乱切りにする。わかめは水で戻してざく切り、長ねぎは小口切りにする。

↓

鍋にたまねぎとじゃがいも、だし汁を入れ、ふたをして中火にかけ、沸いたら弱火にして4〜5分煮る。わかめを加え、味噌を溶き入れて火を止める。器に盛って納豆と長ねぎをのせる。

味噌汁で食養生

免疫力アップに今こそ味噌汁を

「味噌汁は朝の毒消し」「味噌汁一杯三里の力」などたくさんのことわざがあるように、日本人にとって欠かせない味噌汁。体によい発酵食品として今、世界中から注目を集めています。

味噌は、大豆に麹と塩を加え、微生物の働きで発酵させて作られるものです。大豆そのものを食べるより消化吸収しやすく、アミノ酸などのうま味成分をはじめ、老化防止に役立つビタミンE、コレステロールを下げるサポニン、女性ホルモン同様の作用を持つイソフラボンのほか、腸内環境を整えて免疫力アップに役立つ乳酸菌やオリゴ糖、消化吸収や代謝に不可欠な酵素などが豊富に含まれます。解毒作用も高く、農薬や放射性物質などの化学物質や重金属など、体にとって不要なもの

を排出してくれる作用にも優れています。薬膳でも味噌は胃腸を温め、気や血の巡りをよくし、解毒するといわれています。

　こうしたすばらしい働きを持つ味噌に、さまざまな具材の成分がプラスされるのが味噌汁です。薬膳では、すべての食べ物には固有の働きがあって、体を冷やしたり温めたりする性質を持っていると考えます。味噌汁の具材にもこうした働きを考慮すると、さらに養生食としての作用が高まります。最も大切なのは、季節の旬の野菜や魚介類を使うこと。旬の食材は最も栄養価が高く、またその季節に起こりやすいトラブルを未然に防ぐ働きを持っているからです。体を冷やすような食材を具材に使うときは、組み合わせる食材を温め食材にしたり、吸い口の薬味を利用してバランスを取ることができます。野菜をゆでると水溶性の成分はゆで汁に流れてしまいますが、味噌汁なら汁ごと逃さず取り入れられるのもメリット。まさによいこと尽くしの味噌汁。免疫力アップが重要な今こそ、毎日とりたい飲む薬ですね。

基本の味噌汁の作り方

味噌汁は決して沸騰させない

だしで具材を煮て味噌を溶き入れ、吸い口を加える。基本の味噌汁の作り方はとてもシンプルです。火の通りにくい根菜類やだしのよく出る貝類などは水から入れ、葉物などすぐ火の通るものは煮立ってから入れるのが基本のルールです。

気をつけたいのは、味噌汁を決して沸騰させないこと。味噌の風味は微生物が作り出すアルコールなどの揮発成分によるものですが、沸騰させるとその成分が飛んでしまいます。大切な酵素も死滅してしまいます。味噌を溶き入れたら加熱は最小限に抑え、ちょうど表面がぐらっと揺れる煮立ち始めの〝煮えばな〟が、火を落とすタイミング。香りや風味が最もよい状態になります。そして火を止めたら出来立てをすぐにいただくのが最もおいしくいただく秘訣です。

1

だしに火の通りの遅い野菜（または煮ることでうま味の出るもの）を入れて中火にかける。沸いたら弱火にする。

2

味噌を溶き入れたら煮立つ直前に火を止める。さっと火を通したい野菜や海藻などがあれば味噌の前に加える。

3

器に盛って吸い口（薬味）をのせる。

味噌の種類

具材や季節で味噌を変えても

味噌は原料の大豆と塩に、どんな麹を加えるかによって種類が異なります。最も多いのが米味噌で、大豆に米麹を加えて発酵させたもの。同じ原料でも、赤色の辛口味噌や淡色の辛口味噌、また玄米麹を用いたものなど作り方によって変わります。白味噌も米味噌の一種で、麹の分量が多く、塩分を抑えた甘めの味噌で、主に関西地方で利用されます。豆味噌は主に愛知、三重、岐阜の中京地方で食べられる大豆麹と塩だけで作られたもの。赤褐色で濃厚なうま味があります。他にも九州や四国地方で使われる麦味噌もあります。大豆に麦麹を加えて作ったもので、甘みが強く独特の風味があるので、私は玄米味噌とミックスして合わせ味噌として使うことが多いです。それぞれ特徴があるので、具材や季節に合わせて変えるのも変化がつきますよ。

米味噌

大豆に米麹を加えて作られる一般的な味噌。材料の割合によって味や色が異なり、甘めの白味噌や辛口の淡色、赤味噌などがある。

白味噌

麹の量が多い甘口タイプの米味噌。塩分濃度が低く短期熟成で作られ、乳酸菌やリラックス成分GABAが含まれるのが特徴。

豆味噌

中京地方で作られる豆麹を使った味噌。熟成期間が2〜3年と長く、濃厚なうま味と渋みが特徴。色が濃く抗酸化作用が高い。

だしの取り方

味噌汁の決め手になるだしの味

味噌汁にとって、だしはとても重要な存在。おいしいだしが引ければ、7割は成功したようなものです。だしの種類や取り方にもいろいろありますが、最も使いやすく応用範囲の広いのは昆布とかつおのだし。昆布のグルタミン酸とかつお節のイノシン酸という種類の違ううま味成分が合わさることで、奥行きのあるだしになります。ぐつぐつ煮ると昆布のねばり成分やかつおの臭みが出て風味を損なうので、火加減には注意を。ピリ辛の味つけやエスニック風に仕上げたいときなどは、魚の風味の濃いいりこだし、さっぱりとした味つけにしたいときや具材に魚介や肉類などのうま味の強いものを使うときは昆布だしが合うと思います。そのほか干ししいたけや切り干し大根などの乾物で取っただしは、甘みが強く野菜の具材に最適です。

いりこだし

材料

いりこ……30g（黒い腸わたを取り除く）

水……1ℓ

水出し法

水にいりこを入れて一晩浸ける。いりこを取り出した後、だしを加熱して使う。

煮出し法

水にいりこを入れて中火にかけ、沸騰したらアクを取りながら3〜5分程度煮出す。昆布と併用する場合には沸騰する直前に昆布を取り出す。

昆布だし

材料

日高昆布……5cm角2枚（約10g）（家庭用なら日高昆布がおすすめ）

水……1ℓ

取り方

昆布の表面を固くしぼったふきんでさっと拭き、2〜3か所切り込みを入れる。

↓

水に昆布を入れて冷蔵庫で30分〜一晩漬けておく。中火にかけて加熱し、沸騰直前で昆布を取り出す。

かつお昆布だし

材料

日高昆布……5cm角2枚（約10g）

本枯節（かつお節）……15g

水……1ℓ

取り方

昆布の表面を固くしぼったふきんでさっと拭き、2〜3か所切り込みを入れる。

↓

水に昆布を入れ、冷蔵庫で30分〜一晩浸けておく。

↓

弱火にかける。沸騰させないように注意。

↓

鍋の底から泡がフツフツ沸いてきたらかつお節を加える。煮立てないので昆布は取り出さなくてOK。

↓

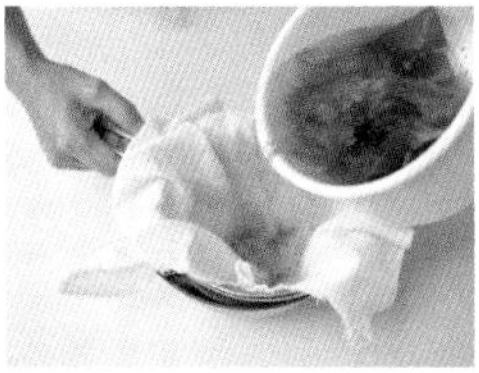

さらに弱火で10分煮出して火を止める。かつお節が自然に沈んだらさらしなどで濾す。

だし、具材、味噌の組み合わせ

3つのうま味のバランスを取る

味噌汁はだしと具材と味噌というシンプルな組み合わせだけに、この3つのバランスを取ることがおいしさの秘訣。昆布のうま味はグルタミン酸（アミノ酸系）、かつお節やいりこ、肉や魚はイノシン酸（核酸系）、干ししいたけはグアニル酸（核酸系）で、うま味成分は1種類でなくアミノ酸系と核酸系の種類の違ううま味を合わせたほうが、相乗効果でよりおいしく感じられます。だしだけでなくたまねぎ、トマト、ブロッコリー、ねぎ、セロリ、白菜、れんこんなどの野菜にもグルタミン酸が豊富なので、核酸系のだしや魚肉と合わせるとうま味のバランスがよくなります。味噌も種類によって風味が違うので、コクを出したいときは豆味噌、具材の色を生かしたいときや甘めに仕上げたいときは白味噌と変えていくと奥行きはより広がります。

組み合わせ1

いりこだし

＋

にら（うま味野菜）

＋

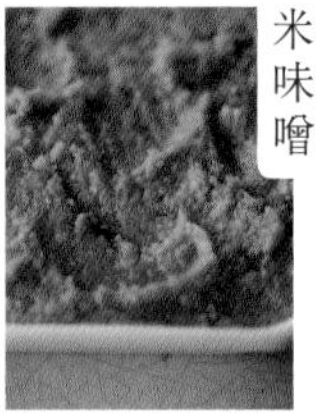

米味噌

＝

いりこだしのイノシン酸にうま味野菜のグルタミン酸を合わせて。ピリ辛にして豆味噌にしてもコクが出る。

組み合わせ2

＋

＋

＝

うま味成分コハク酸を含む貝類や核酸系を含むきのこや海藻には昆布だしだけでも十分。素材を生かしたいときは白味噌で。

組み合わせ3

＋

＋

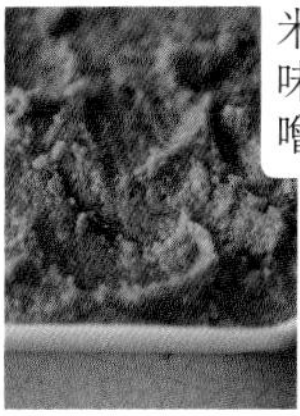

＝

最も定番の組み合わせで、どんな具材も味噌も合わせやすい。具材を焼いたり炒めたりしてさらにコクやうま味をプラスも。

組み合わせ4

だしなし

＋

＋

＝

魚肉や乾物、トマトなど、特にうま味の強い食材はだしいらず。濃厚な具材には濃口の豆味噌がよく合う。

味噌の作り方

味噌汁で養生するなら、やっぱり味噌も手作り

自分で作る〝手前味噌〟。思っているより簡単に、思っている以上においしく出来上がりますよ。手作りならば、麹や塩の量も自由に決められますが、我が家の米味噌は、大豆に対して米麹1・5倍、塩分11%で作っています。大豆はゆでるよりも蒸すほうが、うま味や甘み、栄養分が残ってコクのある味噌になります。

仕込んだ味噌は、直射日光の当たらない涼しい場所で保管を。麹の発酵は、暑い夏を過ごすことで活発になり、うま味も増しますから、夏でも冷蔵庫に入れずに常温で管理します。たとえカビが生えても、そこだけ取り除けば大丈夫ですから気にしないことです。仕込みから10か月後ぐらいから食べられますが、おすすめは1年おくこと。うま味のしっかりのった、まろやかな味わいの味噌になっているはずです。

基本の米味噌

材料

大豆……1kg

米麹……1.5kg

塩……440g（出来上がり重量の11%）

※大豆1kgで味噌の出来上がり重量は約4kg。

重石……出来上がり重量の2〜3割（皿やペットボトル、塩袋などでよい）

大豆をこすり洗いし、たっぷりの水に一晩浸ける。大豆が水を吸ってぷっくり膨らんでいればOK。

↓

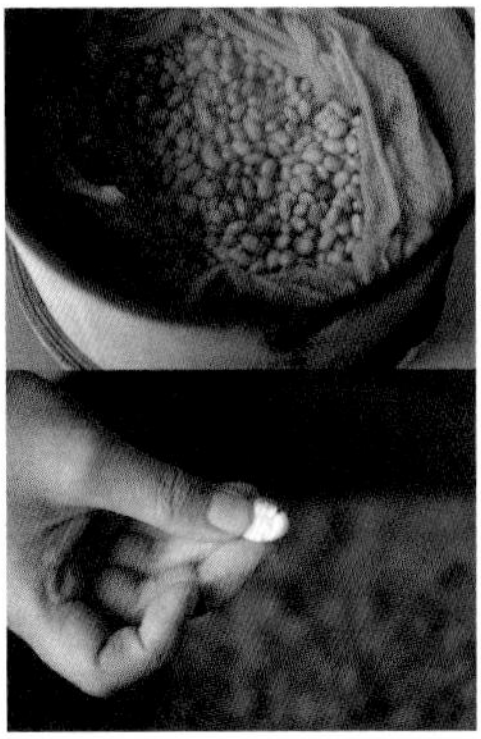

指で簡単につぶせるぐらいまで蒸す（白味噌や淡色味噌を作りたい場合は、浸水した水を取り替えてゆでると白くきれいに仕上がる）。

↓

蒸している間に麹に塩を混ぜて塩切り麹を作る。

↓

大豆の粗熱が取れたらすり鉢やビニール袋に移す。

↓

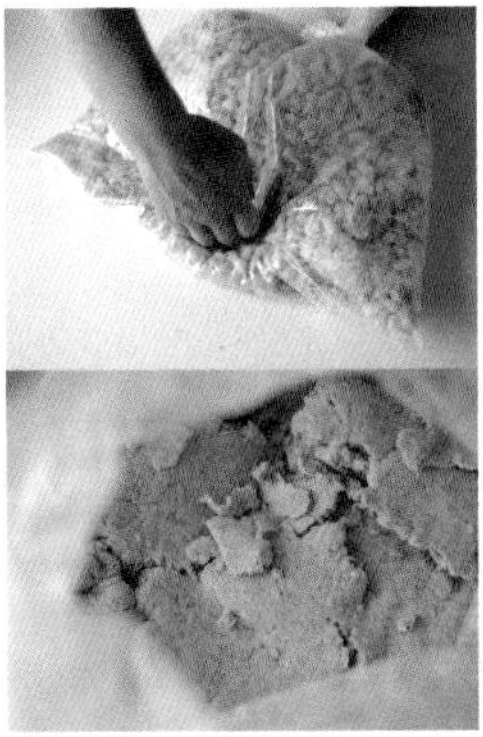

大豆の粒がなくなってねっとりするまでつぶす。

↓

塩きり麹を加えてさらによく練り混ぜる。

↓

固い場合、沸かして冷ました浸け水を加える（ゆでた場合はゆで水）。

↓

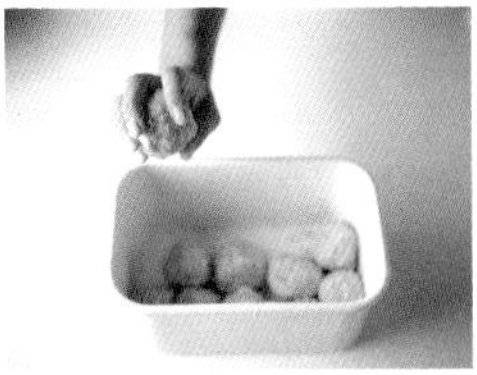

団子状に丸め、空気を抜くように容器に投げ入れる。

↓

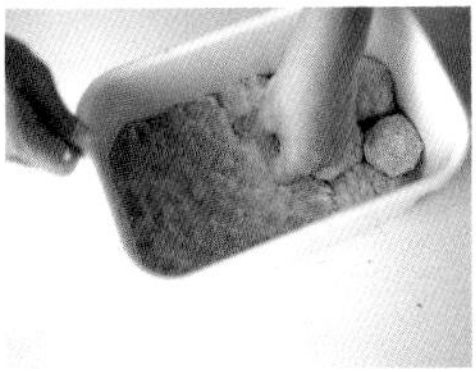

投げ入れたら一段ごとに空気を抜くように押さえる。

↓

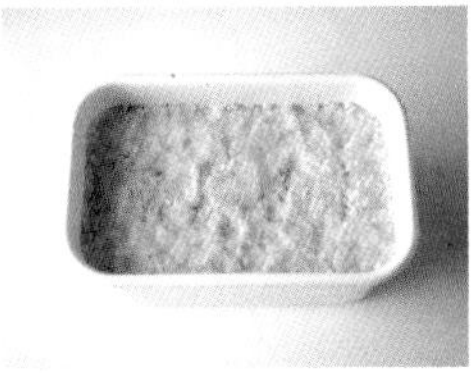

隅まで詰めて空気を抜くように平らにならす。

↓

ラップをして重石をし、あれば周りに酒粕を敷き詰める。

10か月後ぐらいから食べられる。味噌の酵素は生きていてその後も発酵が進むので、仕上がり後は冷蔵保存を。

味噌汁をもっと自由に

お椀の中の無限の広がりを楽しもう

毎朝、同じような味噌汁に飽きてしまった経験はありませんか。だったら味噌汁の固定概念を取り払い、もっと自由に楽しんではいかがでしょう。たとえば豆腐を崩してかき混ぜ、春先の消えやすい淡雪のように仕立てたり。大豆や冬瓜をすりおろしたり、牡蠣やねぎを焼いてから加えたりと、ひと工夫でいつもと違う味噌汁になります。和食の定番ですが、ブロッコリーやパプリカ、アスパラなどの洋風の野菜を受け入れてくれる懐の深さもありますし、油で炒めたりココナッツミルクを加えたりして洋風やエスニック風に仕立てることもできます。私はフルーツもよく料理に使いますが、味噌汁にも活用してみると、ぐんと艶やかな世界が広がりますよ。シンプルな料理だけに無限の可能性を秘めている、それが味噌汁の魅力だと思います。

吸い口でバランスを取る

吸い口で味噌汁が完結する

ねぎや柚子の皮など、汁ものの仕上げに添えるものを吸い口といいます。香りや風味を与え、色合いのアクセントにもなり、これ一つで季節感を出すこともできます。薬膳的にも、体を温めて具材とのバランスを取ったり、魚肉の臭みを消して消化を促進したり、殺菌作用によって腸内でたんぱく質が腐敗するのを防いだりと、単なる飾りとしてだけでなく、働きとしても大きな意味を持っています。ほんのちょっとのせるだけですが、あるとないとでは大きな違い。せっかく体によい味噌汁ですから、仕上げの吸い口も忘れずに添えましょう。

吸い口の例……ねぎ、しそ、山椒、わさび、しょうが、一味唐辛子、七味唐辛子、辛子、柚子、すだち、韓国粉末唐辛子、糸唐辛子、ごま、黒胡椒、三つ葉、柚子胡椒、みょうが、青唐辛子、穂じそ、パクチー、パセリ、ラー油など。

春

立春―雨水―啓蟄―春分―清明―穀雨

雪が溶け、温かく柔らかな日差しが地表に降り注ぎ、植物がいっせいに花開く季節、春。ふきのとう、菜の花、よもぎ、たけのこ、うどなど苦味を持った山野草が旬を迎えます。少し扱いにくい食材かもしれませんが、味噌汁でしたら手軽に取り入れられますから、ぜひ春の味覚をふだんの食卓に。

季節を分ける節分の翌日である「立春」は1年の始まりのとき。暦の上ではこの日から春です。でも、実際は1年のうちでも最も寒さの厳しいとき。寒さで免疫をつかさどる腎の働きが低下しやすくなり、病気をもたらす邪気が体内に侵入しやすくなります。生命エネルギーである〝気〟の力も弱くなり、流れも停滞しがちです。こんなときこそ一杯の味噌汁で体を温めて、寒さを乗り切るのに役立てましょう。

立《りっ》春《しゅん》
［2月4日頃］

暦の上では春ですが1年で最も寒さ厳しいとき。味噌汁で免疫力を上げて

この時期、旬を迎えるブロッコリーや牡蠣は腎の働きを補い、ねぎやにんじんは寒さを吹き飛ばして体をよく温めてくれる食材。大豆は気を補って解毒する働きがあるので、冬の間に溜まった毒素を排出して体の大掃除をしてくれます。1年の始まりである立春の頃にぜひ飲みたい味噌汁です。牡蠣やねぎは焼いてから汁にすると香ばしく、味や食感にメリハリがついてうま味もアップしますので、ぜひ一手間を惜しまずに。

おすすめの食材

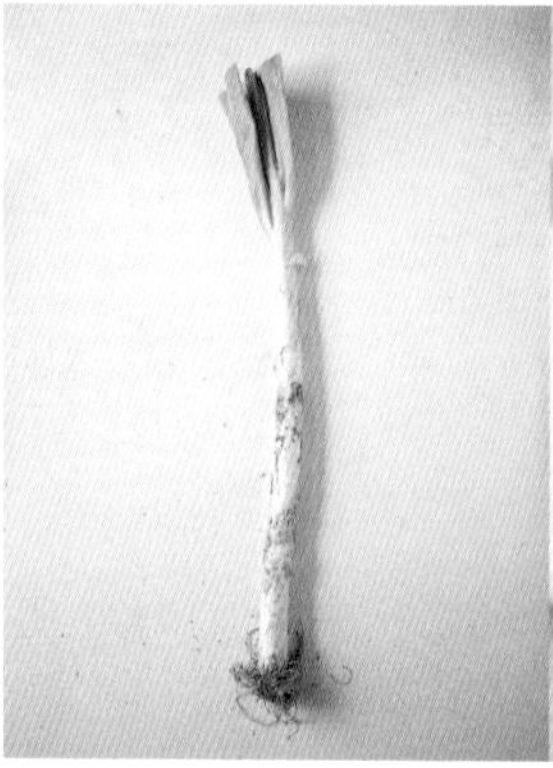

長ねぎ
体を温めて発汗させ、痛みを鎮める薬効があり、発熱や頭痛、冷えによる腹痛など風邪の諸症状に。

牡蠣
海のミルクといわれる栄養価の高い食材。漢方ではイライラ・不安を解消する精神安定薬に。

ブロッコリー
腎の働きを補い、免疫力を高めたり、胃腸を丈夫にして消化不良を改善。抗酸化作用も高い。

崩した豆腐が春先の
はかなげな淡雪のよう

ブロッコリーの淡雪汁

かつお
昆布
だし

米味噌

葛粉を入れて
まろやかな口当たりに。
しょうがの
せん切りを
吸い口に

材料（2人分）

- ブロッコリー……1/4個
- 絹豆腐……1/4丁
- だし汁……300mℓ
- 葛粉……大さじ1
- 米味噌……大さじ1と1/2
- しょうがのおろし汁……小さじ1/2

作り方

ブロッコリーは小房に分け、熱湯で1分ほど固めにゆでる。豆腐は泡立て器で攪拌しておく。

↓

鍋にだし汁と葛粉を入れ、よく混ぜて中火にかけ、沸いたらブロッコリーを加える。再び沸いたら、豆腐を回し入れ、味噌、しょうが汁を溶き入れる。

すりつぶした大豆のうま味が強い。
栄養価が高く、具だくさんな汁物

呉汁

かつお昆布だし　米味噌

小口切りにした万能ねぎをふって仕上げる

材料（2人分）

- 大豆（乾燥）……30g
- にんじん……2cm長さ
- こんにゃく……20g
- ごま油……適量
- 大豆の戻し汁……150mℓ
- だし汁……150mℓ
- 米味噌……大さじ1と1/2

作り方

大豆は洗って一晩水に浸け、水気をきってからすり鉢ですりつぶす。にんじんはいちょう切り、こんにゃくはスプーンでちぎってから下ゆでする。

↓

鍋を中火にかけて油を入れ、大豆、にんじん、こんにゃくを炒める。大豆の戻し汁、だし汁を加えて、沸いたら弱火にして10分ほど煮る。大豆の青臭さがなくなったら味噌を溶き入れる。

ミルキーな牡蠣と長ねぎの甘み、
白味噌と豆乳の絶妙な調和

牡蠣と焼きねぎの白味噌豆乳汁

昆布だし　白味噌

材料（2人分）

- ・牡蠣……4～6個
- ・長ねぎ……3cm×4本
- ・片栗粉……適量
- ・ごま油……適量
- ・だし汁……200mℓ
- ・豆乳……100mℓ
- ・白味噌……大さじ1

作り方

牡蠣は塩少々（分量外）をふってもみ洗いし、水気をふいて片栗粉を薄くはたく。

↓

鍋を中火にかけて油を入れ、長ねぎと牡蠣を加えて香ばしい焼き色をつける。だし汁を加え、沸いたら弱火にして豆乳を加え、味噌を溶き入れる。

仕上げに七味唐辛子をふって

2月も半ばを過ぎると雪は雨に変わり、日差しも少しずつ伸びて、春の気配を感じられるようになります。ふきのとうが顔を出し、菜の花のつぼみもふくらんでくる頃、いよいよ体も春へと切り替わるタイミングです。冬の間は新陳代謝が低下して、脂肪も老廃物も毒素も体に溜め込もうとしますが、温かくなってくると、こうした不要なものを一気に排出するように働きます。この時期は解毒や排泄を促す食材をとって、体を大掃除するのがおすすめです。

雨《う》水《すい》

［2月19日頃］

雪は雨となり、氷は水となる時期
体も少しずつ春への準備を始めます

冬眠から目覚めた熊が最初に口にするのは苦味のふきのとうといわれています。苦味の食材には不要な老廃物などを排出する働きがあるからです。私たちもふきのとうを皮切りに、苦味の食材を意識してとってデトックスしていきましょう。春菊も春の苦味。体の解毒器官である肝の働きを助けて、春の排毒を後押ししてくれます。大豆を加工した厚揚げにも解毒の働きがあります。

おすすめの食材

春菊
特有の香り成分に胃腸を活性化したり、痰を除く作用がある。春にたかぶりやすい肝を鎮める。

カリフラワー
腎の働きを強化したり、胃の働きを整える作用がある。抗がん作用を持つ成分も発見される。

ふきのとう
ふきのつぼみ。老廃物などを排出する。皮膚や粘膜の炎症を鎮めてアレルギー症状も抑える。

氷が薄く張った地面から
ふきのとうが芽を出しているよう

大根の上に
水気をしっかりきった
ふきのとうと
柚子の皮を散らす

薄氷汁

かつお昆布だし　米味噌

材料（2人分）

- ・大根……薄切り2枚
- ・ふきのとう……1個
- ・だし汁……300mℓ
- ・米味噌……大さじ1

作り方

ふきのとうは刻んで、塩少々（分量外）を入れた熱湯でさっとゆがいてざるにあげ、塩少々（分量外）でもんでおく。

↓

鍋に大根とだし汁を入れて中火にかけ、沸いたら弱火にして大根が透き通るまで5分ほど煮て、味噌を溶き入れる。

カリフラワーはくったり煮ると
甘く、とろっとしておいしい

カリフラワーと厚揚げ

かつお昆布だし

米味噌

厚揚げと
相性のよい
せん切りにした
しょうがをのせる

材料（2人分）

- ・カリフラワー……1/4房
- ・厚揚げ……2枚
- ・なたね油……適量
- ・だし汁……300ml
- ・米味噌……大さじ1と1/2

作り方

カリフラワーは小房に分ける。厚揚げは熱湯をかけて油抜きし、4等分にする。

↓

鍋を中火にかけて油を入れ、カリフラワーを炒める。だし汁を加えてふたをし、沸いたら弱火にして3〜4分煮る。厚揚げを加え、ひと煮立ちしたら味噌を溶き入れる。

春菊といわしのつみれ汁

ふわっとやわらかいつみれに
春菊の香りがすがすがしい

だしなし

米味噌

柚子などの柑橘の皮を飾る

材料（2人分）

・春菊……1/3把
・いわし……2尾
A［しょうが1/2かけ、長ねぎ3cm長さ（ともにみじん切り）、酒小さじ2、醤油小さじ1、塩少々、片栗粉小さじ1］
・水……300mℓ
・米味噌……大さじ1

作り方

春菊は4cm長さに切る。いわしは3枚におろして包丁でたたき、Aを加えてよく混ぜ合わせ、団子に丸める。

↓

鍋に水を入れて中火にかけ、沸いたらいわしを加えて4〜5分加熱する。味噌を溶き入れ、春菊を加えてさっと火を通す。

啓《けい》蟄《ちつ》

［3月6日頃］

虫たちが土の中から顔を出し
畑の野菜は新しい花芽をつける

冬ごもりから目覚めた虫たちがもごもごと土の中から顔を出す啓蟄。日差しも春めいて、この時期、畑は可憐な花畑に変わります。かぶ、大根、白菜、小松菜、水菜などの冬野菜が次々に黄色い花を咲かせるからです。これらアブラナ科の野菜の花芽が菜の花。苦味を持った春の解毒にふさわしい食材で、なにより体が求める味わいです。

菜の花に合わせたあさりは夏の産卵前、春先が最も身がぷっくりと太ってうま味成分も増しておいしくなります。春は解毒をつかさどる肝を養生することが大切ですが、あさりは肝を補う食材ですから春にとるのにぴったりです。セロリも苦味を持ち、働きすぎてたかぶった肝の働きを鎮めてくれます。独特の香りや味わいも、一緒に合わせたたまねぎの甘さがマイルドにしてくれます。春を告げる野菜の一つであるわけぎも、豊富な食物繊維が便通を促して解毒に役立ちます。

おすすめの食材

あさり
水分代謝をよくし、咳や痰を取り除く作用がある。血を造り、肝の働きを助ける。体を冷やす性質。

菜の花
血の滞りをなくして血行をよくする。熱を伴う炎症や腫れものを治したり、解毒作用がある。

わけぎ
ねぎとたまねぎの雑種で辛味が少なく甘みがある。血行促進、疲労回復、殺菌作用がある。

あさりの豊かなうま味で
だしなしでもおいしい！

あさりと菜の花

だしなし　白味噌

溶き辛子を落として
甘い白味噌に
ピリッと辛い
アクセントを

材料（2人分）

- ・あさり（砂抜き済）……100g
- ・菜の花……2〜3本
- ・酒……大さじ1
- ・水……300mℓ
- ・白味噌……大さじ1弱

作り方

あさりは殻をこすり合わせて洗い、30分ほどざるにあげておく。菜の花は4cm長さに切る。

↓

鍋にあさりと酒、水を入れてふたをし、中弱火にかける。あさりの殻が開いたら、菜の花の軸を入れ、一呼吸おいて穂先を加える。火を止めて味噌を溶き入れる。

たまねぎの甘みとセロリの
さわやかな風味が春らしい

セロリとたまねぎ

かつお昆布だし　白味噌

好みで
粉山椒をふっても

材料（2人分）

- ・セロリの茎……1/2本
- ・たまねぎ……1/4個
- ・だし汁……300ml
- ・白味噌……大さじ1と1/2

作り方

セロリは斜め薄切りにして塩少々（分量外）でやさしくもむ。しばらくおいて水気が出たらざるにあげて水気をきる。たまねぎは薄切りにする。

↓

鍋にたまねぎとだし汁を入れて中弱火にかけ、沸いたら弱火にして5分ほど煮る。セロリを加え、ひと煮立ちしたら味噌を溶き入れる。

わけぎの緑とラディッシュの赤の
コントラストがきれいな一品

わけぎとラディッシュ

かつお昆布だし

米味噌

材料（2人分）

・わけぎ……2本
・ラディッシュ……2個
・だし汁……300mℓ
・米味噌……大さじ1と1/2

作り方

わけぎは4〜5cm長さに切る。ラディッシュは薄切りにする。

↓

鍋にだし汁を入れて中火にかけ、沸いたらわけぎとラディッシュを加えて、さっと火を通したら味噌を溶き入れる。

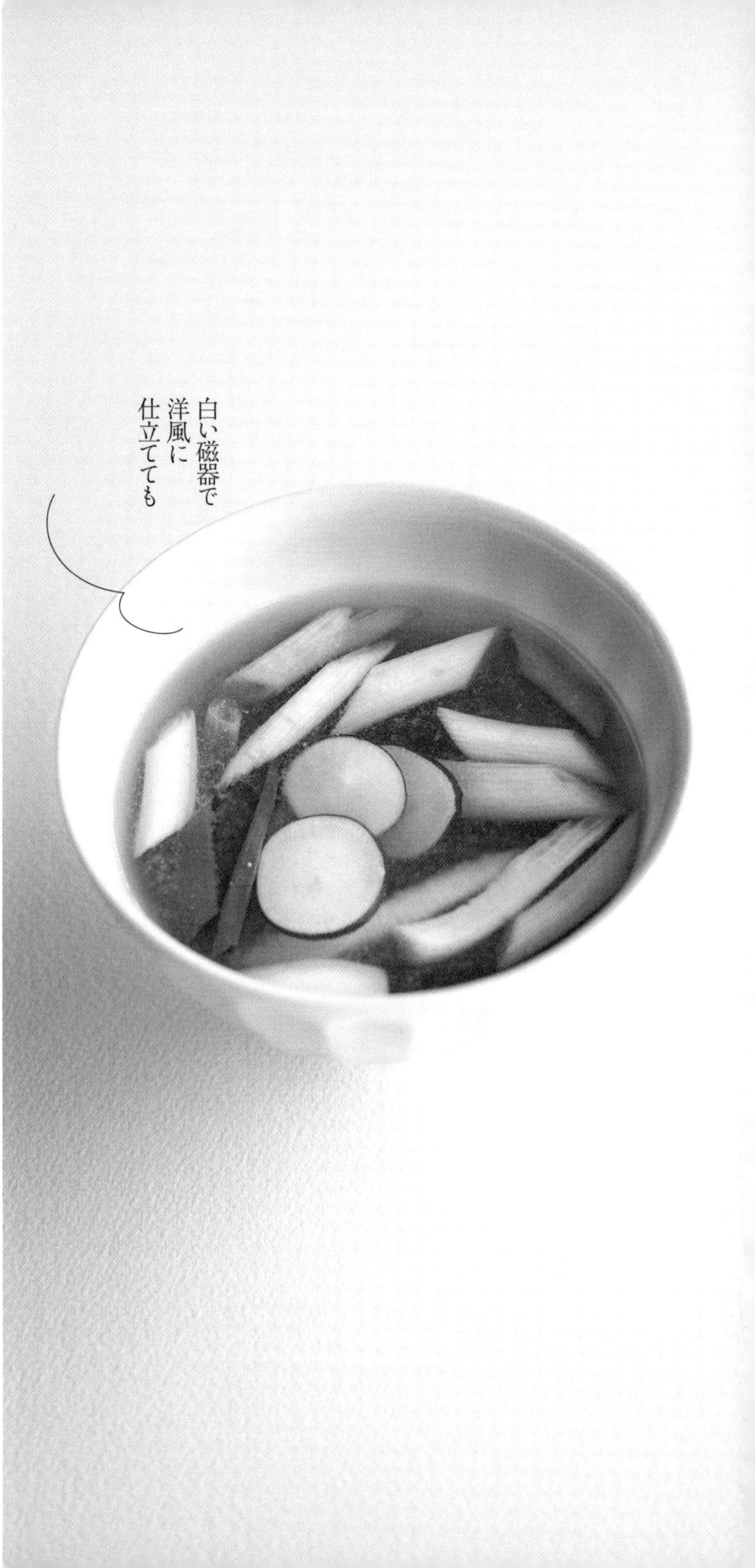

春分《しゅんぶん》

［3月21日頃］

隠の気よりも陽の気が増え
みずみずしい春野菜や魚貝が盛り

昼と夜の時間がほぼ等しくなる春分。北半球ではこの日を境にしだいに昼が長く、夜が短くなって隠の気よりも陽の気が増えていきます。この頃、旬を迎える春キャベツやきぬさや、にらなどは、冬の寒さを乗り越えて最初に収穫を迎える春野菜たち。冬の間に糖分をたっぷり蓄え、甘みがあってみずみずしいのが特長です。葉の柔らかな春キャベツはすり流しにしやすく、たっぷりと量がとれるのもうれしいもの。薬膳では〝百菜の長〟といわれるほど薬効が高く生命力の強いにらは、香りも刺激的。味噌汁でもピリッと辛めの味つけが合います。

この頃、葉山の海ではわかめが最盛期。風の強い翌日に海に行くと、浜にはたくさんのわかめが打ち上がっています。同じく春が旬の鯛と合わせた上品な味噌汁はおもてなしにもなる一品。炊き合わせや煮物にするよりも、味噌汁にするほうが、気負わず楽にできるのではないでしょうか。

おすすめの食材

春キャベツ
水分代謝を促すほか胃の働きを整えるビタミンUが豊富。体の熱を冷ます性質。冬にも旬がある。

にら
野菜の中でも体を温める作用が強い。血行をよくし胃腸を活性化して消化を高め、便通をよくする。

わかめ
腎を補い、老化を防ぎ、髪を美しく保ったり、水分代謝を高める働きがある。体の熱を冷ます性質。

鯛とわかめの春の出会いもの。
海の恵みを感じる一杯

鯛と生わかめ

だしなし

米味噌

木の芽を飾って
香りよく

材料（2人分）

・鯛……1切れ
・生わかめ……30g
・水……300mℓ
・米味噌……大さじ1

作り方

鯛は半分に切って塩少々(分量外)をふってしばらくおき、水気をふき取る。わかめは食べやすい大きさに切る。

↓

鍋に水を入れて中火にかけ、沸いたら鯛を入れて2〜3分煮る。わかめを加えてさっと火を通し、味噌を溶き入れる。

シャキシャキのにらともやしは
辛口の味と相性抜群

にらもやしピリ辛汁

一味唐辛子が
よく合う

いりこ
だし

米味噌

材料（2人分）

・にら……4～5本
・もやし……100g
・ごま油……適量
・だし汁……300mℓ
・米味噌……大さじ1
・コチュジャン……小さじ1/2

作り方

にらは1cm長さに切る。もやしは水にさらしてしゃきっとさせる。

↓

鍋を中火にかけて油を入れ、もやしを炒める。だし汁を加えて、沸いたら味噌とコチュジャンを溶き入れる。にらを加えてさっと火を通す。

グリーンが目にも鮮やか。
春キャベツが丸ごと味わえる

春キャベツのすり流し

仕上げに
きぬさやを
2本飾る

かつお昆布だし

白味噌

材料（2人分）

・春キャベツ……2枚
・たまねぎ……1/4個
・きぬさや……4本
・塩……少々
・だし汁……300mℓ
・白味噌……大さじ1と1/2

作り方

キャベツはざく切りにする。たまねぎはせん切りにする。きぬさやは筋をとって塩ゆでする。

↓

鍋にキャベツとたまねぎ、塩、だし汁を入れて中火にかけ、沸いたらふたをして弱火で7〜8分煮る。ハンドミキサーなどで攪拌し、味噌を溶き入れる。

清明《せいめい》

［4月5日頃］

花が咲き乱れる春爛漫の頃
香り高いよもぎや三つ葉が全盛に

桜が咲き誇り、うぐいすが歌い、すべての生き物が春を謳歌する頃。我が家の庭で最も元気のよいのがよもぎです。血行を促進して体を温めたり、血を補って古い血を浄化したりと、女性にとってはうれしい働きがたくさん。冷凍したものは1年中手に入りますが、新芽は柔らかく、香り高く、アクも少ないので、ぜひ生の葉を味わってみてください。私はよくつまんでそのまま味噌汁に入れますが、今回は韓国のスックッという辛い味噌汁にしました。同じ山野草の三つ葉も裏山で勢いを増す頃です。1年中スーパーなどで見かけますが、春のこの時期は生命力に満ち溢れ、柔らかくみずみずしいので、ぜひたっぷりと使いたいものです。

　わかめの根元についているめかぶは、葉山に越してきて初めて見ましたが、生のめかぶが味わえるのもこの時期だけ。よく叩いて粘りを出したら、同じくねばねば食材の納豆と合わせれば相乗効果が得られます。

おすすめの食材

よもぎ
末梢血管を拡張して血行を促し、体を温める。造血・浄血・止血作用があり、血のトラブルに有効。

めかぶ
わかめの根元部分で、有効成分のアルギン酸やフコイダンなどの粘り成分はわかめの10倍含む。

長芋
消化酵素を多く含み、胃腸を整えて気を補う。秋も旬。おろしたり、叩いて粘りを出すと効果的。

シャキシャキとした
長芋の食感が楽しめるお椀

三つ葉を
たっぷり
のせて

長芋と三つ葉

かつお昆布だし

米味噌

材料（2人分）

・長芋……3cm長さ
・三つ葉……適量
・だし汁……300mℓ
・米味噌……大さじ1と1/2

作り方

長芋は厚さ1.5cm程度の半月切りにする。三つ葉は4cm長さに切る。

↓

鍋に長芋とだし汁を入れて中火にかけ、沸いたら弱火にして5分ほど煮て、味噌を溶き入れる。

味噌汁に納豆は好相性。
ネバネバ食材で組み合わせて

めかぶ納豆

かつお昆布だし

米味噌

材料（2人分）

- めかぶ……2個
- 納豆……1パック
- だし汁……300mℓ
- 米味噌……大さじ1と1/2

作り方

めかぶは10秒ほどゆでてざるにあげ、水気をきって粘りが出るまで包丁でたたく。納豆はよくかき混ぜておく。

↓

鍋にだし汁を入れて中火にかけ、沸いたらめかぶを加える。再び沸いたら味噌を溶き入れる。

納豆を加えて
小口切りにした
万能ねぎをのせる

韓国のよもぎスープ〝スックッ〟。
香りよく、食欲が出るピリ辛味

よもぎスックッ

いりこだし　米味噌

材料（2人分）

- よもぎ（やわらかい芽の部分）……ひとつかみ
- にんにく……1/2かけ
- 長ねぎ……4cm長さ
- ごま油……適量
- だし汁……300mℓ
- きな粉……小さじ1
- コチュジャン……小さじ1
- 醤油……少々
- 米味噌……大さじ1

作り方

よもぎの新芽は洗って水気をきっておく。にんにくはみじん切りにする。長ねぎは斜め薄切りにする。

↓

鍋を中火にかけて油を入れ、にんにくを炒める。だし汁を加えて、沸いたらきな粉、コチュジャン、醤油、味噌を溶き入れ、よもぎと長ねぎを加えてさっと火を通す。

穀《こく》雨《う》

［4月20日頃］

百穀を潤すといわれる春雨
一雨ごとにたけのこが伸びていきます

春の柔らかな雨が大地を潤し、畑の種まきが忙しくなる頃、裏山ではたけのこが最盛期を迎えます。この時期、我が家では食卓にのぼらない日はありません。下ゆでしておけば、あとは簡単。煮物、揚げ物、炒め物のほか、味噌汁にもさっと入れられます。ただ体を強く冷やす性質なので、温性の食材や薬味などでバランスを取るようにします。新たまねぎは、辛味も穏やかで小ぶりなので、ぜひ丸ごと味噌汁に入れてみてください。じっくりと煮出した甘く澄んだ汁は絶品です。合わせたスナップえんどうとともに消化を促進してくれるので相乗効果が得られます。しらす漁は3月下旬頃から解禁になります。葉山でも実家の浜松でもよく獲れるので、私にとってはなじみ深い食材。今回はあおさ海苔と合わせましたが、ごちらも最後にさっと加えればいいので、お手軽この上ありませんが、うま味たっぷりで最高のインスタント味噌汁になりますよ。

おすすめの食材

スナップえんどう
抗酸化作用のあるβ-カロテンやビタミンC、食物繊維を含む。豆はたんぱく質やビタミンB_1が多い。

新たまねぎ
刺激臭が血液をサラサラにして流れをよくし、消化を助けたり、殺菌作用をもたらす。温める性質。

たけのこ
熱を冷まして血液を浄化し、尿の出を促し、便通をよくするデトックス作用がある。胃弱の人は注意。

一味唐辛子をふって
バランスをとって

シャキシャキとした素材の
食感が楽しめる組み合わせ

たけのことおかひじき

かつお
昆布
だし

米味噌

材料（2人分）

- たけのこ（ゆでたもの）……100g
- おかひじき……20g
- だし汁……300mℓ
- 米味噌……大さじ1と1/2

作り方

たけのこは食べやすい大きさに切る。おかひじきは熱湯で1〜2分ゆでて水気をきっておく。

↓

鍋にだし汁とたけのこを入れて中火にかけ、沸いたら弱火にして5分ほど煮る。おかひじきを加えて味噌を溶き入れる。

たまねぎの甘さがじんわり染み出した
白味噌仕立てのやさしい味

丸ごと新たまねぎとスナップえんどう

スナップえんどうを
たまねぎに
ちょこんと添えて

かつお昆布だし

白味噌

材料（2人分）

- 新たまねぎ（小）……2個
- スナップえんどう……4本
- だし汁……300mℓ
- 塩……少々
- 白味噌……大さじ1強

作り方

たまねぎは外皮をむき、根元に十字の切り込みを入れる。スナップえんどうは筋を取って塩ゆでしておく。

↓

鍋にたまねぎとだし汁、塩を入れてふたをし、中火にかける。沸いたら弱火にしてたまねぎが柔らかくなるまで10分ほど煮て、味噌を溶き入れる。

しらすもあおさ海苔も加熱は最小に。
潮の香りを感じられる一杯

あおさ海苔、
小口切りにした
万能ねぎをのせる

しらすとあおさ海苔

昆布だし

米味噌

材料（2人分）

・しらす……30g
・あおさ海苔……7〜8g
・だし汁……300mℓ
・米味噌……大さじ1と1/2

作り方

鍋にだし汁を入れて中火にかけ、沸いたらしらすを加えて味噌を溶き入れる。

夏

立夏―小満―芒種―夏至―小暑―大暑

気温も湿度も高い日本の夏。
熱中症や夏バテを起こさず、元気に過ごすには、
体の熱を冷まし、余分な水を排出してくれる
夏野菜を味方にしましょう。
生で食べられる夏野菜は、味噌汁に入れれば、
加熱時間も短くすぐに出来上がるので、
暑い夏のキッチン仕事を格段にラクにしてくれます。

ゴールデンウィークを迎えて暦の上では早くも夏。新緑の美しい季節になりました。この時期、桜えび、生ひじき、ホタルイカ、そらまめが短い旬を迎えます。それぞれが主役となるインパクトのある味わいを持っていますから、あまり手を加えずに素材の味を楽しみたいもの。だしに加えてさっと火を通すだけの味噌汁は、そんな主役級の素材を扱うのにも向いていると思います。乾燥ひじきは年中手に入りますが、生のものはこの時期だけ。

立《りっ》夏《か》

［5月6日頃］

新緑の鮮やかな清々しい時期
季節の出会いものを楽しみます

葉山の海でもぷっくりと柔らかいものを岩場で採ることができます。立夏の味噌汁では、そらまめのグリーンと合わせて、季節の出会いを楽しみました。ふきの葉も太く大きくなって食べごたえが出てきます。この独特の香りやほろ苦さは桜えびの甘みと合わせると食べやすくなりますよ。ホタルイカは火を通しすぎないように最後に加えて。クレソンのキリリとした苦味がホタルイカのうま味を引き立てます。

おすすめの食材

ふき
苦味の解毒作用のほか、血の巡りをよくして瘀血を除いたり、咳や痰を鎮める働きも。温める性質。

生ひじき
カルシウムとマグネシウムをバランスよく含み、骨や歯を丈夫にし、中枢神経を鎮めてイライラを解消。

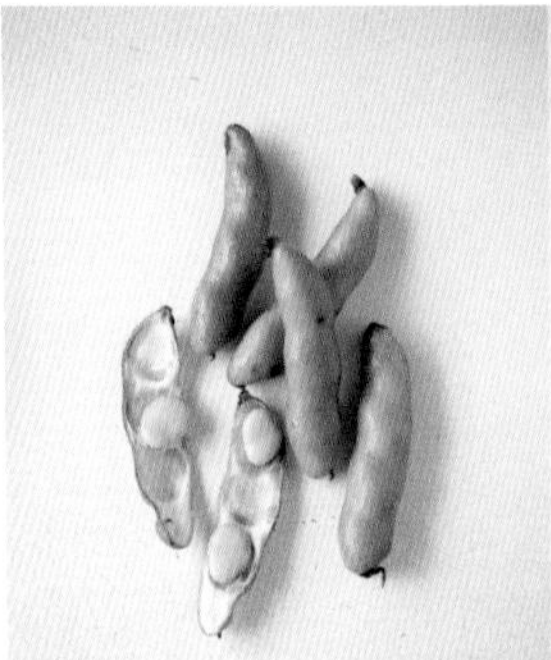

そら豆
腎の働きを活性化し、水分代謝を高めて尿の出をよくしたりむくみを除く。胃腸を整え、気も補う。

苦味と甘み、緑とピンクの
コントラストを楽しんで

お好みで
一味唐辛子を
ふっても

ふきと桜えび

昆布だし

白味噌

材料（2人分）

・ふき……2本
・桜えび（乾燥）……2g
・だし汁……300mℓ
・白味噌……大さじ1と1/2

作り方

ふきは塩で板ずりしてから熱湯で2〜3分ゆで、水の中で筋をむいて3cm長さに切る。

↓

鍋にふきと桜えび、だし汁を入れて中火にかけ、沸いたら味噌を溶き入れる。

青々としたそらまめの存在感と
ぷりっとした生ひじきの食感が楽しい

生ひじきとそらまめ

かつお昆布だし　米味噌

材料（2人分）

- ひじき（ゆで）……30g（乾物の場合3〜4g、水に戻して使う）
- そらまめ……6個
- だし汁……300mℓ
- 米味噌……大さじ1と1/2

作り方

ひじきは長いものは食べやすい大きさに切る。そらまめは1分蒸して薄皮をむく。

↓

鍋にだし汁を入れて中火にかけ、ひじきとそらまめを加え、沸いたら味噌を溶き入れる。

ほんのりと味噌に溶け出した
イカのわたも味わい深い

ホタルイカとクレソン

昆布だし　米味噌

柚子胡椒を添えても

材料（2人分）

- ホタルイカ（ボイル済）……4杯
- クレソン……4本
- だし汁……300mℓ
- 米味噌……大さじ1と1/2

作り方

ホタルイカは目と軟骨を取り除く。クレソンは4～5cm長さに切る。

↓

鍋にだし汁を入れて中火にかけ、沸いたらホタルイカと味噌、クレソンを加えてさっと火を通す。

小《しょう》満《まん》

［5月21日頃］

温かな陽を浴び、山野の植物も
野菜もすくすく成長する

秋に蒔いた麦の穂が実る小満の頃、山菜の中で遅れて登場するのが山うどです。持ち味は野趣溢れる香りにほのかな苦味とシャキシャキとした歯ざわり。生でも食べられますから、味噌汁にするときも加熱しすぎず、さっと煮る程度に。それでも汁には香りや苦味が染み出して季節感溢れる一椀になります。

冷凍ものが年中手に入るグリーンピースも、生のものが手に入るのは晩春から初夏にかけてだけ。ぜひこの時期はフレッシュな風味を楽しんでください。ミキサーにかけるときは、あえて粗めにつぶして粒々を残すようにすると、歯ごたえが出て、薄皮もかえって気にならずに丸ごと食べられます。じゃがいもは味噌汁の定番の具材ですが、新じゃがは皮が柔らかいので丸ごと使いましょう。油で炒めてから煮るとコクが出て香ばしく、一味違うお味噌汁になります。豚肉やレタスと組み合わせれば、ボリュームのあるおかず味噌汁に。

おすすめの食材

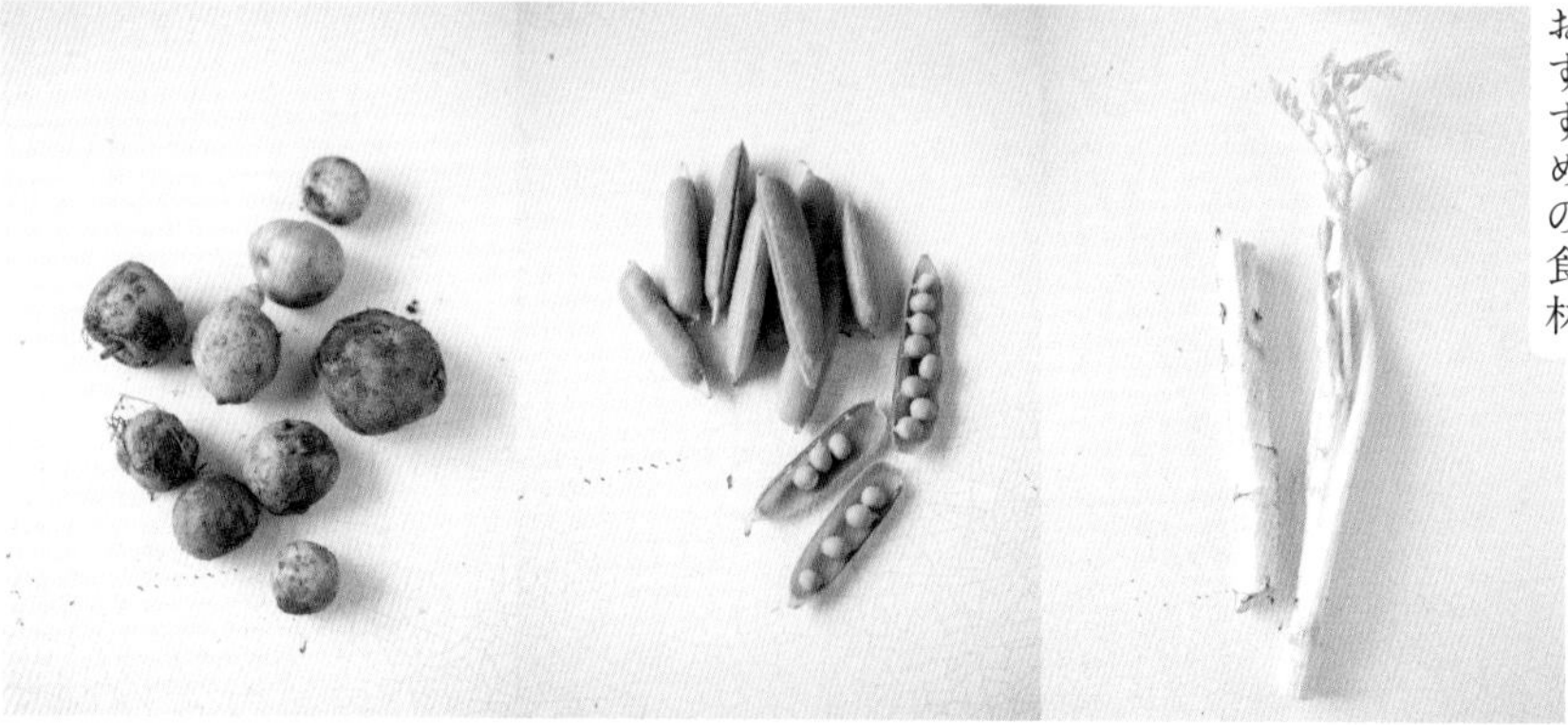

新じゃが
体の熱を冷まして余分な水分を排出する働きや胃腸を活性化する働きがある。秋にも旬がある。

グリーンピース
えんどう豆の未成熟の実でビタミン豊富な緑黄色野菜。胃腸を整えて気を補い、尿の出を促す。

うど
食用は若芽の部分。体を温め、湿気を除き、冷たい風による咳、鼻水、喉の痛みなどを和らげる。

あればうごの穂先も使って。
ささみのうま味でだしなしで

うごとささみ

だしなし

米味噌

材料（2人分）

- うご……4cm長さ
（穂先もあれば1〜2本）
- ささみ……2本
- 水……300mℓ
- 米味噌……大さじ1と1/2

作り方

うごは厚めに皮をむいて短冊切りにし、酢水（200mℓに酢小さじ1/2程度）にさらす。ささみは筋をとって食べやすい大きさに切る。

↓

鍋にささみと水を入れて中火にかけ、沸いたら弱火で5分ゆでる。水気をきったうごを加えて味噌を溶き入れる。

仕上げに溶き辛子を少々

白味噌が入った和風スープのような
味わい。グリーンと紫が鮮やか

グリーンピースと赤たまねぎ

グリーンピースは
すべてつぶさず、
少し残して
浮かべても

かつお昆布だし　白味噌

材料（2人分）

- グリーンピース（正味）……100g
- 赤たまねぎ……1/8個
- だし汁……300mℓ
- 白味噌……大さじ1と1/2

作り方

グリーンピースはさやから出す。赤たまねぎは薄切りにする。

↓

鍋にグリーンピースとだし汁を入れて中火にかけ、沸いたら弱火にして5〜6分煮る。ハンドミキサーなどで粗めにつぶす。赤たまねぎを加えてひと煮立ちしたら味噌を溶き入れる。

新じゃがは皮ごと炒めて。
豚肉も入った具だくさん味噌汁

新じゃがとレタス

だしなし　米味噌

七味唐辛子を
ふって

材料（2人分）

- 新じゃが（大）……1個
- レタス……2枚
- 豚バラ肉……2枚
- しょうが……少々
- 水……300mℓ
- 米味噌……大さじ1と1/2

作り方

新じゃがは皮ごとくし形切りにする。レタスはちぎる。豚バラは3cm長さに切る。しょうがはすりおろす。

↓

鍋を中火にかけ、豚バラとじゃがいもを炒める。肉の色が変わったら、レタスと水を加え、沸いたら弱火にして5〜6分煮る。しょうがと味噌を溶き入れる。

芒《ぼう》種《しゅ》

［6月6日頃］

麦の刈り入れ後は田植えのタイミング
ごぼうやとうもろこしの新物が登場

秋に播いた麦の収穫を迎える頃、逃さず食べたい旬の野菜がアスパラガス。収穫時期がとても短く、露地ものはあっという間に姿を消してしまいますが、鮮やかな緑とフレッシュな味わいは格別です。洋風の料理に使われることが多いのですが、すぐに火が通るので、味噌汁の具材としても重宝するはずです。

ごぼうは11～2月の冬にもおいしくなりますが、4～5月に獲れる新ごぼうは、アクが少なく柔らかいので味噌汁向き。皮と実の間に、うま味も香りも薬効成分も含まれるので決して皮はむかないこと。がん予防や便秘の改善に役立つ有効成分リグニンは切り口に多く発生するので、ささがきにするのがおすすめです。体を冷やす性質なので、この時期の実山椒と合わせました。

ヤングコーンは甘さ控えめですが、シャキシャキとした食感でひげも丸ごと食べられます。グリルで香ばしく焼いてから汁に加えれば味もぎゅっと凝縮します。

おすすめの食材

ヤングコーン
若取りしたとうもろこし。とうもろこしより糖質やカロリーが4分の1程度と低く、食物繊維が豊富。

新ごぼう
熱を冷まし、炎症を鎮め、解毒し、腎機能を高めて滋養強壮し、余分な水を排出する。

アスパラガス
熱を冷まし、余分な水分を排出。新陳代謝を促し疲労回復や滋養強壮するアスパラギン酸を含む。

アスパラときくらげの食感がよく、
味噌にアーモンドの
香ばしさが合う

アスパラガスときくらげ、アーモンド

かつお昆布だし　米味噌

アーモンドをのせて。
仕上げに
黒胡椒を
プラスする

材料（2人分）

- アスパラガス……4本
- きくらげ……2枚
- アーモンド……2〜3粒
- だし汁……300mℓ
- 米味噌……大さじ1と1/2

作り方

アスパラは根元の固い部分を折って4cm長さの斜め切りにする。きくらげは水で戻してざく切りにする。アーモンドはから煎りして粗めに刻む。

↓

鍋にアスパラときくらげ、だし汁を入れて中火にかけ、沸いたら弱火にして3〜4分煮る。味噌を溶き入れる。

ごぼうはじっくり炒めて
うま味と香りを
引き出して

新ごぼうと鶏そぼろ、実山椒

実山椒の
さわやかな辛味が
味を引き締めます

だしなし

米味噌

材料（2人分）

- 新ごぼう……1/3本
- 鶏ひき肉……70g
- 実山椒……5〜6粒
- ごま油……適量
- 水……300mℓ
- 米味噌……大さじ1と1/2

作り方

ごぼうはたわしでこすってささがきにし、水に1分さらしてざるにあげる。実山椒は3分ゆでて1時間水にさらしておく。

↓

鍋に油を入れて中火にかけ、ひき肉を炒める。色が変わったらごぼうを加えてさらに炒める。水と実山椒を加えてふたをし、沸いたら弱火にして5〜6分煮て、味噌を溶き入れる。

焼いたヤングコーンが香ばしい
水出し食材のコラボレーション

焼きヤングコーンともずく

かつお昆布だし

米味噌

材料（2人分）

- ヤングコーン……2本
- もずく……60g
- だし汁……300mℓ
- 米味噌……大さじ1と1/2
- しょうがのおろし汁……少々

作り方

ヤングコーンは皮を少し残してひげごとグリルで焼き色がつくまで焼く。もずくはざるにあげておく。

↓

鍋にヤングコーンとだし汁を入れて中火にかけ、沸いたら弱火にして2〜3分煮る。もずくを加えてひと煮立ちしたら味噌を溶き入れる。

夏《げ》至《し》

［6月21日頃］

日長きこと極まりて
梅雨シーズンに突入する

太陽は最も高く上り、夏の始まりを告げる日ですが、日本では梅雨シーズンに突入。ジメジメとした湿度の高い日が続くようになると、むくみや、腰痛、頭痛、胃もたれ、腹痛、下痢など、体の中に余分な水分が溜まって起こる症状が出やすくなります。この時期、欠かせないのが梅干し。殺菌・抗菌力の高さには定評があり、梅雨時期の食中毒や腹痛、下痢などの胃腸のトラブルを予防します。酸味、うま味、甘み、塩気など1粒で複雑な味わいが得られ、味噌汁の具材としても活躍してくれます。にんにくも同じく殺菌作用の高い食材です。

　芒種の頃はヤングコーンでしたが、この頃には成長したとうもろこしが出回るようになります。体内の湿気を除く働きが強いので、この時期に旬を迎えるのはまさに天の恵みといえます。特にひげの部分はむくみ防止の漢方薬にもなっているほど。ぜひひげごと具材にし、いいだしの出る芯も一緒に煮込んでください。

おすすめの食材

とうもろこし

余分な水分を排泄する作用に優れ、ひげを日干しにしたものは南蛮毛というむくみ防止の漢方薬。

ビーツ

赤い色素はポリフェノールの一種で強い抗酸化作用がある。飲む点滴といわれ鉄分や葉酸が豊富。

梅干し

殺菌・防腐作用が高く、胃腸を活性化したり、疲労回復や活力をつけるなど幅広い効能がある。

ビーツの鮮やかな紅色。
隠し味は梅干し！

梅干しとビーツの紅い汁

かつお昆布だし　白味噌

材料（2人分）

・梅干し……1個
・ビーツ……1/4個（約80g）
・赤たまねぎ……1/8個
・だし汁……300mℓ
・白味噌……大さじ1

作り方

梅干しは種を取って粗めにほぐす（種も取っておく）。ビーツは皮ごとさっとゆでて薄切りにする。

↓

鍋に梅干しと梅干しの種、ビーツ、赤たまねぎ、だし汁を入れて中火にかけ、沸いたら弱火にする。ビーツに火が通ったら種を取り出してミキサーにかけ、味噌を溶き入れる。

とうもろこしのひげと
粒々の実の食感を楽しんで

とうもろこしと万願寺唐辛子

かつお昆布だし

米味噌

香ばしく焼いた万願寺唐辛子をのせる

材料（2人分）

- ・とうもろこし……1/2本
- ・万願寺唐辛子……2本
- ・だし汁……300mℓ
- ・米味噌……大さじ1と1/2

作り方

とうもろこしは実を削ぎ（芯も取っておく）、ひげはみじん切りにする。万願寺唐辛子は切れめを入れてグリルで焼く。

↓

鍋にとうもろこしとひげ、芯、だし汁を入れて中火にかけ、沸いたら弱火にして3〜4分煮る。芯を取り出して味噌を溶き入れる。

にんにくのパンチも
味噌がまろやかにまとめる

新にんにくと豚ばら

だしなし　米味噌

せん切りにして
水にさらした
ねぎをのせ、
一味唐辛子をふる

材料（2人分）

- 新にんにく……2片
- 豚ばら肉……70g
- ごま油……適量
- 水……300mℓ
- 醤油……小さじ1/2
- 黒酢……小さじ1/2
- 米味噌……大さじ1強

作り方

にんにくは軽くつぶす。豚肉は食べやすい大きさに切る。

↓

鍋を中火にかけて油を入れ、にんにくを炒める。にんにくに焼き色がついたら豚肉を加えてさらに炒める。水を加えて5分ほど煮て、醤油、黒酢を入れ、味噌を溶き入れる。

小《しょう》暑《しょ》

［7月7日頃］

湿度とともに暑さも増し
体の中にも湿と熱がこもりがちに

梅雨まっさかりのこの時期、暑さはそれほどではないものの湿度が高く、気温のわりに蒸し暑く感じられます。湿度が高いと、汗をしっかりかいて熱と湿を放散することがままならないため、体温や水分調節がうまくできずに、体の内側に熱や湿がこもってしまいます。特に、普段から水分代謝の悪い人や水分摂取量の多い人は、この時期体調を崩しがちに。きゅうり、いんげん、春雨、ズッキーニ、冬瓜、なすなどは、体の熱を冷まし、余分な水分を排出してくれる夏の救世主。味噌汁にもごんごん加えて積極的にとりたいですね。これら夏野菜は、生で食べられるものが多いので、味噌汁にするときも加熱時間が少なくてすむのがうれしいところ。特に火を使わずに作れる冷や汁は助かります。ただ体を冷やす性質のものが多いので、内臓は冷やしすぎないよう温め食材を組み合わせたり、薬味でバランスを取るように。しそは夏の薬味の王様です。

おすすめの食材

しそ

香り成分に殺菌・解毒・防腐作用がある。抗アレルギー作用があり花粉症を改善。温める性質。

さやいんげん

いんげん豆の未熟な若いさや。胃を活性化して余分な水を排出する。暑気あたりを改善する作用も。

きゅうり

熱を冷まし、乾きを止めて体を潤す反面、余分な水分は排出する作用がある。体を強く冷やす性質。

火を使うのはだしを取るときだけ。
暑くなってきた季節にうれしい

きゅうりの冷や汁

いりこだし　米味噌

材料（2人分）

・きゅうり……1本
・みょうが……1本
・しそ……2〜3枚
・しょうが……1/2かけ
・長芋……70g
・だし汁……300mℓ
・米味噌……大さじ2
・すりごま……小さじ1

作り方

きゅうり、みょうがは輪切りにする。きゅうりは塩もみしておく。しそ、しょうがはせん切りにする。長芋はすりおろす。

↓

だしは冷蔵庫で冷やしておく。だしのいりこ2〜3本をすり鉢でする。味噌と長芋を加え、だし汁を少しずつ加えて混ぜのばす。

きゅうり、薬味野菜をのせ、ごまをふる

いんげんも春雨も水出し食材。
暑いときもつるっと入ります

いんげんと春雨

かつお昆布だし

米味噌

材料（2人分）

- いんげん……4〜5本
- 春雨（乾燥）……20g
- だし汁……300㎖
- 米味噌……大さじ1と1/2

作り方

いんげんは塩ゆでし、斜め2等分する。春雨はゆでて食べやすい長さに切る。

↓

鍋にだし汁を入れて中火にかけ、沸いたら春雨といんげんを加える。ひと煮立ちしたら味噌を溶き入れる。

ズッキーニは塩もみして
生に近い状態でいただきます

リボンズッキーニとごま

ごまをたっぷりと。
好みで
柚子胡椒を
加えても

かつお昆布だし　米味噌

材料（2人分）

・ズッキーニ……1/2本
・じゃがいも……1/2個
・だし汁……300mℓ
・米味噌……大さじ1と1/2

作り方

ズッキーニはスライサーなどでリボン状に削り、塩少々（分量外）をふってしばらくおく。じゃがいももスライサーなどで薄切りにする。

↓

鍋にじゃがいもとだし汁を入れて中火にかけ、沸いたら弱火で3〜4分煮て、じゃがいもに火が通ったら味噌を溶き入れ、ズッキーニを加える。

大《たい》暑《しょ》

［7月23日頃］

梅雨も明け、暑さが本番を迎える頃
夏野菜で体の中の熱を冷まそう

いよいよ夏本番。近頃の日本は、熱帯に近い気候になっているようですが、厳しい暑さにさらされると、高熱や大量の発汗、口の渇き、ほてりやイライラなど、熱による症状が出やすくなります。汗とともに生命エネルギーである気も流れ出し、疲労感、だるさ、不眠など、〝気の抜けた〟ような症状も表れます。暑さの厳しいときには、やっぱり体の過剰な熱を冷ます食材。冬瓜、きゅうり、トマト、ゴーヤなどが最適です。水分たっぷりでみずみずしく、のどの乾きも癒してくれます。さらに汗で流れ出たミネラル分も補ってくれるので一石三鳥ぐらいの働きです。食欲のないときは、味噌汁にそうめんなどを加えて、これ一品で完結させてもいいですね。体を冷やすためとはいえ、氷水や冷えたジュース、ビールなどの冷たいものの取りすぎには注意を。胃腸が冷えて働きが悪くなり、胃もたれや消化不良を起こして夏バテにつながります。

おすすめの食材

冬瓜
冬まで貯蔵できるため冬の瓜というが、熱を冷まし、余分な水分を排出する夏にふさわしい野菜。

トマト
胃腸の働きを活発にして消化を高める。体液を補い、ミネラル補給にも。体を冷やす性質。

枝豆
胃腸を活性化して余分な水を排出し、疲労回復にも。肝機能を助け、アルコールの分解も促す。

体を冷やす性質の強い冬瓜には
しょうがの風味を効かせて

冬瓜の葛流し

かつお昆布だし

白味噌

材料（2人分）

- ・冬瓜……150g
- ・しょうが……1/2かけ
- ・だし汁……300mℓ
- ・葛粉……大さじ1
- ・白味噌……大さじ1

作り方

冬瓜は粗めにすりおろす（または粗めのみじん切り）。しょうがはすりおろし、半量はおろし汁を取っておく。

↓

鍋に冬瓜とだし汁を入れて中火にかけ、沸いたらふたをして弱火で冬瓜が透き通るまで煮る。しょうがのおろし汁を加え、同量の水で溶いた葛粉でとろみをつけ、味噌を溶き入れる。

トマトをくずしながら、
そうめんと一緒にどうぞ

丸ごとトマトとそうめんの冷製

かつお昆布だし

米味噌

材料（2人分）

・トマト（中）……2個
・そうめん……1束
・だし汁……300㎖
・米味噌……大さじ1と1/2

作り方

トマトはヘタを取って湯むきする。そうめんはゆでておく。

↓

鍋にトマトとだし汁を入れて中火にかけ、沸いたらふたをして弱火で10分ほど煮る。トマトを取り出して味噌を溶き入れる。

そうめんを盛り、トマトをのせて汁を注ぎ、せん切りにしたしそをのせる

見た目にも涼やかな夏の味噌汁。
冷たくしていただくのが◎

枝豆の翡翠汁

かつお昆布だし　白味噌

材料（2人分）

- 枝豆（さやつき）……180g
- きゅうり……1/2本
- だし汁……300ml
- 葛粉……小さじ2
- 白味噌……大さじ1と1/2

作り方

枝豆は5分ほど塩ゆでし、薄皮をむいてすり鉢でなめらかにする。きゅうりはすりおろす。

↓

鍋にだし汁を沸かし、同量の水で溶いた葛粉と味噌を溶き入れる。荒熱が取れたら、枝豆ときゅうりをざるなどで濾しながら加え、冷やす。

秋

立秋―処暑―白露―秋分―寒露―霜降

8月もお盆を過ぎる頃になると
秋の気配を感じるようになります。
秋になると空気が渇いて鼻や気管支、肺などの
呼吸器がダメージを受けやすくなります。
こうした空気の乾燥から肺や呼吸器を守るために
潤す食材をとるのが秋の食養生です。
梨、いちじく、落花生、れんこん…。
季節の恵みを取り入れて、
その時期のトラブルを防ぎましょう。

立秋《りっしゅう》

［8月7日頃］

活性酸素のダメージを受けやすい時期
ビタミン野菜で身を守ろう

暦の上では早くも秋ですが、残暑は厳しく、紫外線や暑さで活性酸素のダメージを受けやすくなります。活性酸素は細胞を酸化して、肌を老化させたり、動脈効果やがんなどの生活習慣病の一因となるもの。この活性酸素の攻撃から身を守ってくれるのが、パプリカ、ピーマン、空芯菜、つるむらさき、かぼちゃなどの色の濃い鮮やかな夏野菜たちです。強い太陽の光を浴びて育ったこうした野菜は、夏の紫外線から自分の身を守るために抗酸化作用の高いビタミンCやビタミンE、β-カロテン、ポリフェノール類などを豊富に含んでいます。夏にふさわしく、体の熱も冷やしてくれる性質のものがほとんどで、カラフルなビタミンカラーは食欲も刺激してくれますね。洋風の料理に使うことの多い野菜も、味噌汁に入れると華やかになり、いつもと違う表情を見せてくれます。暑い季節の味噌汁には、豆味噌のような塩分の高い、きりりとした赤だしがよく合うと思います。

おすすめの食材

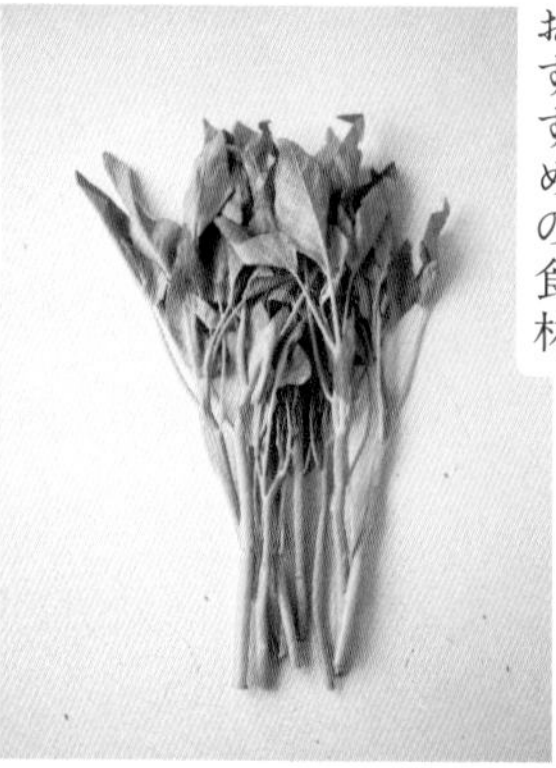

空芯菜

ビタミンCやβ-カロテンなどの抗酸化成分や疲労を回復するビタミンB群が豊富。冷やす性質。

なす

体を冷やす性質が強く、炎症や腫れを抑えるなど熱症状を改善。口内炎や歯痛などの民間薬にも。

つるむらさき

体を冷やす性質で、特に腸の熱を取るといわれる。血の巡りをよくして瘀血を除く作用もある。

暑い日には、食材も
味つけもいつもとひと味変えて

パプリカと空芯菜のエスニック風

かつお昆布だし

米味噌

材料（2人分）

・赤パプリカ……1/2個
・空芯菜……3～4本
・にんにく……ひとかけ
・ごま油……適量
・だし汁……300mℓ
・ナンプラー……小さじ2
・黒酢……小さじ2
・米味噌……大さじ1

作り方

パプリカはヘタと種をとって縦8等分にする。空芯菜は食べやすい長さに切る。にんにくはみじん切りにする。

↓

鍋を中火にかけて油を入れ、にんにく、パプリカを炒める。空芯菜を加えてさっと炒めたら、だし汁を加える。ひと煮立ちしたらナンプラー、黒酢、味噌を溶き入れる。

葛粉のとろみが
卵をふわふわに仕上げます

つるむらさきのかき玉

かつお昆布だし

豆味噌

材料（2人分）

- ・つるむらさき……2本
- ・卵……1個
- ・しょうが……1/2かけ
- ・だし汁……300mℓ
- ・葛粉……小さじ2
- ・豆味噌……大さじ1強

作り方

つるむらさきは4cm長さに切る。卵は白身を切るようによく溶いておく。しょうがはすりおろす。

↓

鍋にだし汁を入れて中火にかけ、沸いたらつるむらさきの茎としょうがのおろし汁を加える。30秒後に葉を加え、沸いたら同量の水で溶いた葛粉と味噌を溶き入れる。箸にそわせながら細く溶き卵を加える。

焼いたなすが香ばしい。
薬味をたっぷりのせて体を温めて

焼きなすの赤だし

せん切りにした
しそと
おろした
しょうがを
のせる

かつお昆布だし

豆味噌

材料（2人分）

・なす……2本
・だし汁……300mℓ
・豆味噌……大さじ1強

作り方

なすはグリルで柔らかくなるまで焼いて、熱いうちに所々皮をむき、縦に半分に切ってから細長くさく。

↓

鍋にだし汁を入れて中火にかけ、沸いたらなすを加える。ひと煮立ちしたら味噌を溶き入れる。

暑さもようやく一段落し、初秋の息づかいを感じるようになりますが、冷たいもののとりすぎや冷房の当たりすぎが積み重なって、そろそろ夏バテの症状が出てくる頃ではないでしょうか。胃腸が冷えて働きが落ち、食欲不振、胃もたれ、消化不良、だるさ、不眠などに悩まされる人も多いのでは。疲れた胃腸をケアするには、かぼちゃが最適です。三大抗酸化ビタミンと呼ばれるビタミンC、E、β-カロテンを豊富に含み、胃腸の働きを活性化したり、粘膜を強化し免疫力を高めて感染症を防いだりと、夏はもちろん冬至まで長く食べたい食材です。モロヘイヤやゴーヤ、ピーマンなど緑の濃い野菜も抗酸化ビタミンの宝庫。引き続き味噌汁にもどんどん入れていきましょう。味噌汁にすれば水溶性のビタミンも汁と一緒にとれます。β-カロテンなどの脂溶性のものは油で炒めてから汁にしたり、ツナや豚肉など油を含むものと一緒にとると吸収がよくなります。

処《しょ》暑《しょ》

［8月23日頃］

鈴虫が鳴き始め、風の匂いが変わり
自然界は少しずつ秋の気配に

おすすめの食材

ゴーヤ

沖縄の代表的食材で熱を取り、水分の排出を促す。食欲増進、疲労回復など夏バテ防止に有効。

ピーマン

香り成分ピラジンが血や気の巡りをよくして瘀血を改善する。肝の働きを正常にする働きもある。

かぼちゃ

胃腸を活性化し、気を補い免疫力を高める。血行を促し、体を温める。3大抗酸化ビタミンを含む。

ココナッツミルクを入れれば
夏らしい甘みで南国風に

かぼちゃとモロヘイヤの冷製

お好みで
炒った
かぼちゃの種を
のせても

だしなし

米味噌

材料（2人分）

- かぼちゃ……150g
- モロヘイヤ……3〜4本
- 水……250mℓ
- 塩……少々
- ココナッツミルク……大さじ3
- 米味噌……大さじ1

作り方

かぼちゃは種を取って食べやすい大きさに切る。モロヘイヤの葉は摘み取る。

↓

鍋にかぼちゃと水、塩を入れて中火にかけ、沸いたら弱火にして柔らかくなるまで5分ほど煮る。ココナッツミルクを加えてよく混ぜ、モロヘイヤを加えてさっと火を通したら味噌を溶き入れ、冷やす。

ゴーヤは種とわたごと入れて
風味も栄養も逃さずいただく

丸ごとゴーヤとツナ

かつお昆布だし

米味噌

材料（2人分）

・ゴーヤ……1/3本（約150g）
・ツナ……30g
・にんにく……1片
・ごま油……適量
・だし汁……300mℓ
・米味噌……大さじ1と1/2

作り方

ゴーヤは種とわたごと輪切りにし、種を分けておく。にんにくは薄切りにする。

↓

鍋を中火にかけて油を入れ、種をこんがり炒める。にんにくとゴーヤを加えてさらに炒める。ツナを加えてさっと炒め合わせたら、だし汁を加える。ひと煮立ちしたら味噌を溶き入れる。

豚ひきのうま味でだしなしでも。
青唐辛子の辛さが後を引く

ピーマンと豚ひき、青唐辛子のピリ辛

だしなし

豆味噌

材料（2人分）

- ・ピーマン……1個
- ・青唐辛子……1/2本
- ・豚ひき肉……70g
- ・ごま油……適量
- ・水……300mℓ
- ・豆味噌……大さじ1強

作り方

ピーマンはヘタと種を取って横に薄切りにする。青唐辛子は種を取って小口切りにする。

↓

鍋を中火にかけて油を入れ、ひき肉とピーマンを炒める。肉に火が通ったら水を加え、ひと煮立ちしたら味噌を溶き入れる。

白露《はくろ》

［9月8日頃］

夏から秋へと季節が移り変わる時期 乾燥して咳やのどの痛みが増えます

9月の足音を聞いたとたん湿気がおさまり、空気はしだいに乾いて秋らしくなるのを感じます。同時に、暑く乾いた空気を吸い込む肺や鼻、のど、気管支などの呼吸器は熱を帯びて乾燥し、咳や痰、のどの痛み、ぜんそくなどのトラブルが増えていきます。

ちょうどこの頃、梨やすだち、おくら、長芋、落花生、いちじくなど、肺やのどを潤して咳や痰を止めたり、体液を補うような食材が旬を迎えます。自然界はその季節に必要なものをちゃんと用意してくれるのですね。味噌汁にはあまりなじみのない食材が多いかもしれませんが、だしと味噌との組み合わせに外れなし。フルーツも味噌汁に加えれば、意外な発見があると思います。おくらや長芋はすりおろしたり、叩いたりしてぬめりを出すことで最大限に有効成分を引き出せます。大量の消化酵素も出て消化吸収をよくするため、食欲が落ちているときにもおすすめです。

おすすめの食材

いちじく

解毒作用が高く、痔やイボなどの腫れ物の改善に。腸内環境を整えて便秘にも下痢にも有効。

おくら

ぬめり成分が整腸作用をもたらし便秘にも下痢にも有効。有害物質も吸着して排出。冷やす性質。

梨

90%が水分で肺を潤し、のどの渇きを癒し、咳や痰を鎮める働きに優れる。体を冷やす性質。

隠し味の甘酒が
梨と味噌を一つにまとめます

梨とすだち

昆布だし

白味噌

材料（2人分）

- ・梨……1/2個
- ・だし汁……300ml
- ・甘酒……大さじ1
- ・すだちの絞り汁……小さじ1
- ・しょうがのおろし汁……小さじ1
- ・白味噌……大さじ1と1/2

作り方

梨は半分はいちょう切り、半分はすりおろす。

↓

鍋に梨とだし汁を入れて中火にかけ、沸いたら弱火にして2～3分煮る。甘酒とすだちの絞り汁、しょうがのおろし汁、味噌を溶き入れる。

ネバネバ食材の組み合わせ。
夏の疲れが吹き飛ぶ一杯

おくらと長芋のとろとろ汁

かつお昆布だし

米味噌

材料（2人分）

・おくら……4本
・長芋……約80g
・だし汁……300㎖
・米味噌……大さじ1と1/2

作り方

おくらは塩ゆでしてから粘りが出るまで叩く。長芋はひげを焼き切り、皮ごと粗めに叩く。

↓

鍋にだし汁を入れて中火にかけ、沸いたら長芋を加える。ひと煮立ちしたらおくらを加えて味噌を溶き入れる。

甘みの凝縮した揚げいちじくを
崩した瞬間がたまらない

いちじくの赤だし

かつお昆布だし

豆味噌

せん切りにした
しそをのせる

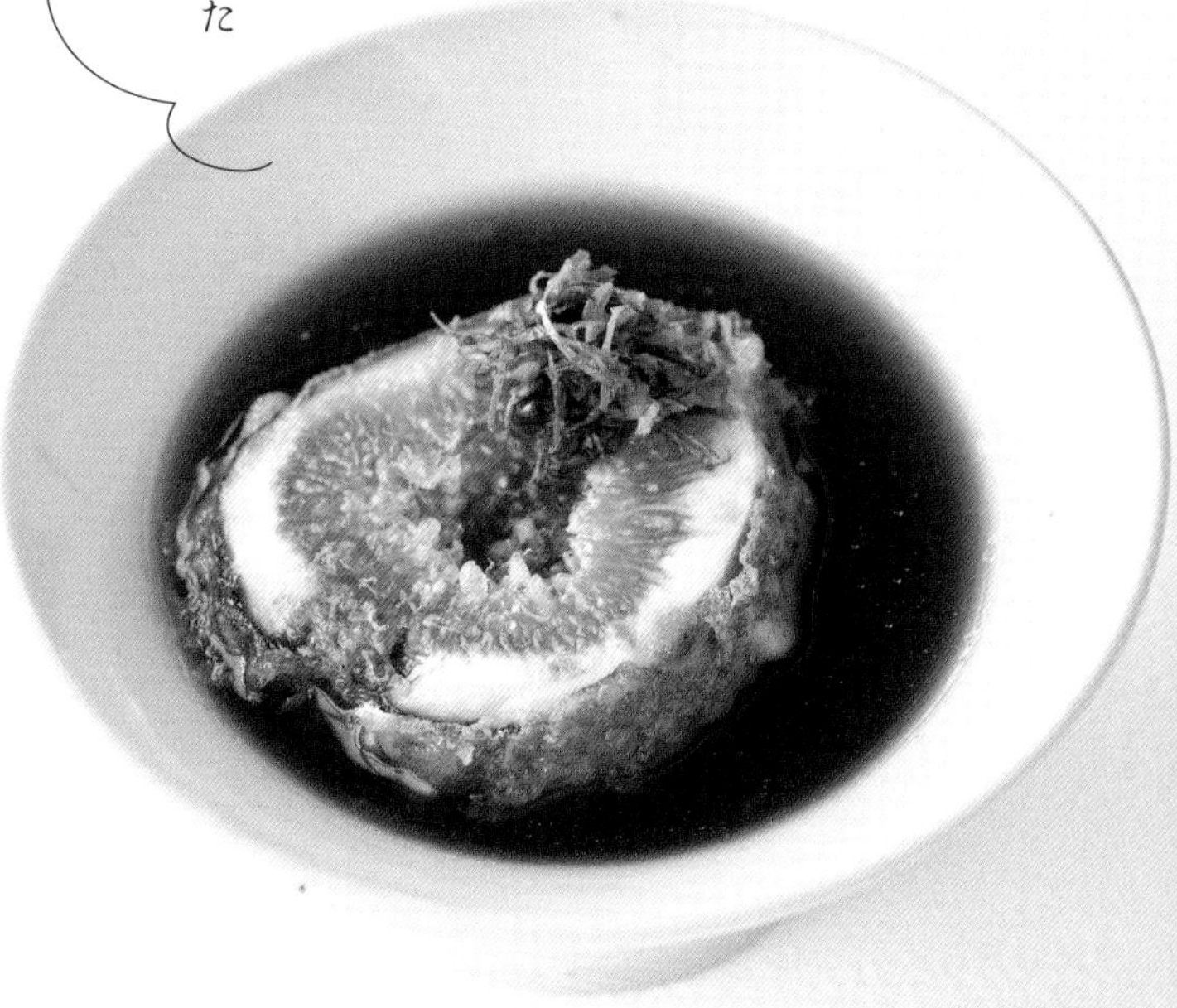

材料（2人分）

- いちじく……1個
- 衣……薄力粉大さじ2+水大さじ2強
- 揚げ油……適量
- だし汁……300mℓ
- 豆味噌……大さじ1と1/2

作り方

いちじくは小麦粉（分量外）を薄くまぶしてから衣をくぐらせて170℃で揚げる。

↓

鍋にだし汁を入れて中火にかけ、沸いたら弱火にして味噌を溶き入れる。半分に切った揚げたいちじくを盛り、汁を注ぐ。

秋《しゅう》分《ぶん》

［9月23日頃］

この日を境に夜長の季節へ
秋の味覚が店頭を賑わすように

空は高く澄んで、涼しい風が吹くようになると、自然に手に取りたくなるのも、秋刀魚や鮭、きのこに菊花、山芋など秋口を代表する食材に。きのこ類は1年中出回っていますが、天然のきのこは9~11月に旬を迎えるものがほとんど。ビタミンB群などの有効成分やうま味は煮汁に溶け出すので、味噌汁でいただくのは最適です。秋刀魚や鮭などの秋の魚と合わせれば、うま味の相乗効果で贅沢な一品になりますね。

菊花は花びらを浮かべるだけで季節感が出せる食材ですが、働きも優れています。古来より延命長寿の花として知られ、陰干ししたものは鎮痛・解熱の漢方薬でもあります。山芋団子をお月様に見立て、月見汁を味わうのも季節の楽しみとしていかがでしょう。山芋は粘りが強いので、温めた汁に落とせばつなぎなしでも団子状に固まります。すりおろすことでねばねばが増し、ぬめり成分の働きを最大限に引き出せます。

おすすめの食材

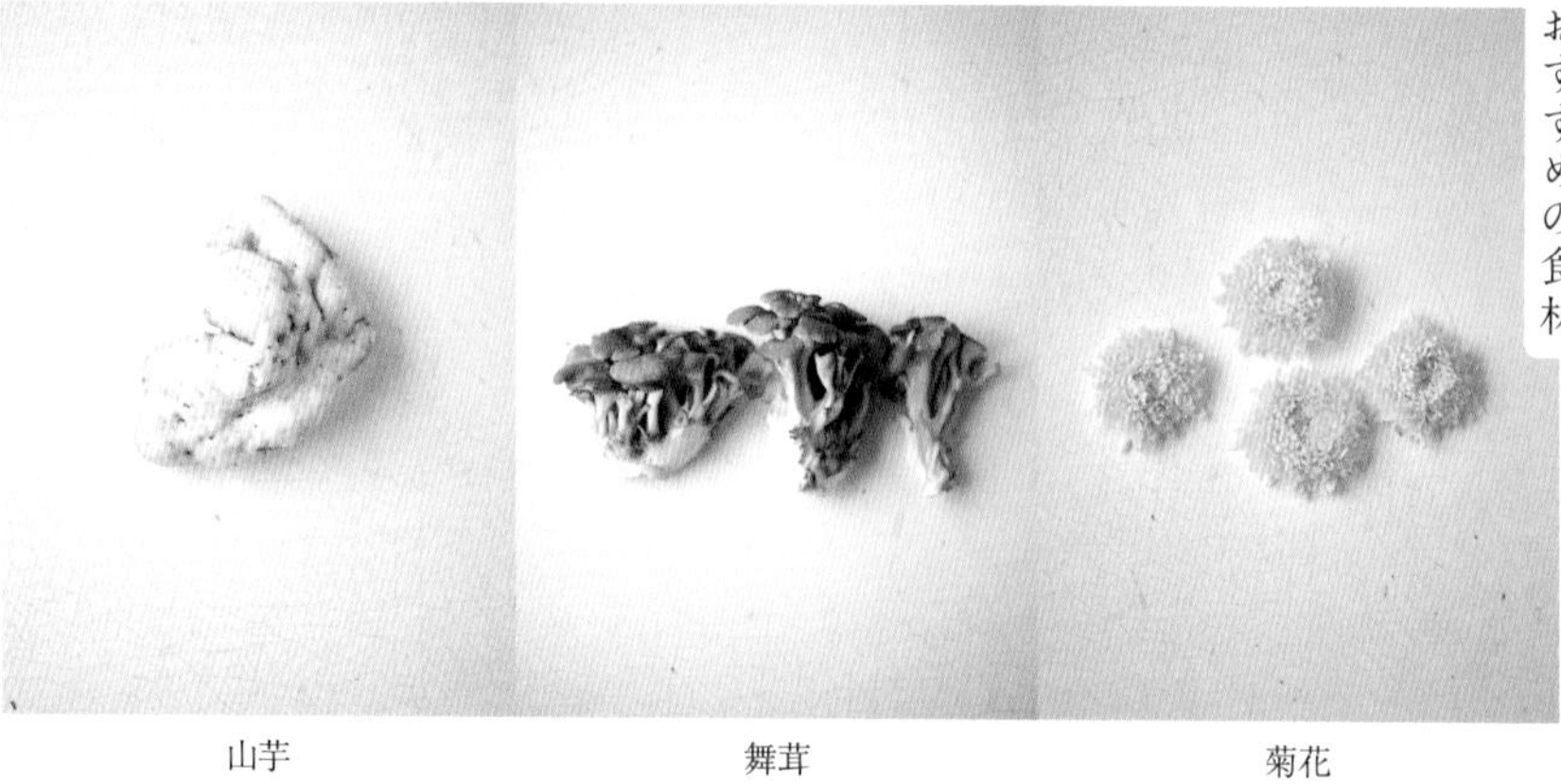

山芋
消化酵素を多く含み、胃腸を整え、気を補い、肌を潤す。ぬめり成分が腎を強化し滋養強壮する。

舞茸
β-グルカンが多く、免疫力を高めて抗がん作用を発揮する働きが強い。五臓を活性化し、気を補う。

菊花
熱を冷まし、毒素を排出し、炎症を抑えて血の巡りをよくする。肝機能を調整する働きも。

ふわっと香る菊の香りと
鮮やかな色に秋を感じる

しめじと菊花

かつお昆布だし

米味噌

とろみのついた汁に菊花を浮かべる

材料（2人分）

- ・しめじ……1/2袋
- ・菊花……1本
- ・だし汁……300mℓ
- ・葛粉……大さじ2/3
- ・米味噌……大さじ1と1/2

作り方

しめじは石づきを取ってほぐす。菊花は花びらをほぐして、酢少々（分量外）をたらした熱湯でさっとゆでてざるにあげる。

↓

鍋にだし汁としめじを入れて中火にかけ、沸いたら同量の水で溶いた葛粉を加える。とろみがついたら菊花を加えて味噌を溶き入れる。

舞茸と秋刀魚を焼くことで
より深いうま味と香りを引き出す

焼き舞茸と秋刀魚汁

小口切りにした
ねぎと
すだちの皮少々を
すりおろしてふる

昆布だし

豆味噌

材料（2人分）

- ・舞茸……1/2袋
- ・秋刀魚……1本
- ・だし汁……300mℓ
- ・豆味噌……大さじ1と1/2

作り方

舞茸は石づきを取ってほぐす。秋刀魚は3枚におろして2等分にする。魚焼きグリルで秋刀魚と舞茸を香ばしく焼く。

↓

鍋にだし汁と秋刀魚、舞茸を入れて中火にかけ、沸いたら弱火にして味噌を溶き入れる。

白くて丸いふわふわの団子を
十五夜に見立てて

山芋団子の月見汁

かつお昆布だし

米味噌

材料（2人分）

・山芋……100g
・ごぼう……5cm長さ
・だし汁……300mℓ
・米味噌……大さじ1と1/2

作り方

山芋はすりおろす。ごぼうはささがきにして、水に1～2分さらしてざるにあげる。

↓

鍋にごぼうとだし汁を入れて中火にかけ、沸いたら弱火にして5分ほど煮る。山芋をスプーンなどで丸めながら落とし、2～3分煮たら味噌を溶き入れる。

寒《かん》露《ろ》

［10月8日頃］

草木に冷たい露が降りる頃
稲刈りも終わり、秋が深まる

秋の深まりとともに、くるみ、むかご、ぎんなん、落花生、栗、梨、柿などの秋の果実や種実類が実りを迎えます。こうした食材には、肺を潤して乾燥による呼吸器の症状をおさめる働きや、体液を補充する薬効のあるものが多く見られます。味噌汁の具として加えれば、手軽に秋の養生食になり、季節感溢れる一品になりますね。落花生汁は、乾燥のものでも同じように作れますが、この時期はぜひ生のもので試してみて。ことこと煮込むだけで、こっくりとした甘みと香りが味わえます。そのままの食感を楽しみたいから、ミキサーにはかけずに仕上げました。落花生もくるみも脂肪分の多い食材ですが、落花生はオレイン酸、くるみはα-リノレン酸が中心で、いずれも体にとっては有益な働きをする脂肪酸です。ただ種実類は消化に負担がかかるので、味噌汁にするときもじっくりゆでたり、すりつぶしたりすると消化もよくなって食べやすくなります。

おすすめの食材

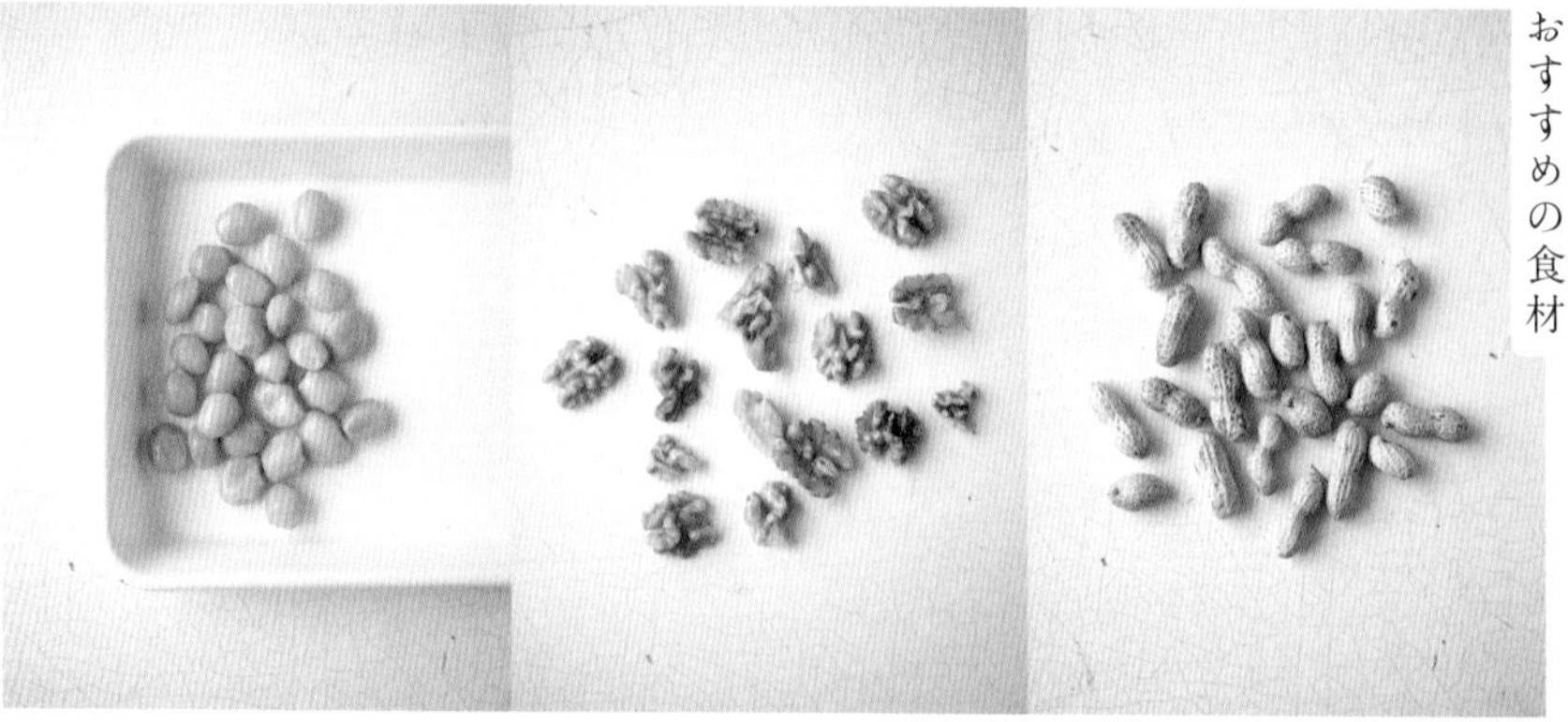

ぎんなん
恐竜時代から存在し強い生命力を持つ。咳を止め、痰を切る漢方薬。頻尿を改善し、脳も活性化。

くるみ
腎の働きを補い、滋養強壮作用が高く、血を造り、肌や呼吸器を潤して咳や痰を止める。

落花生
肺を潤して咳や痰を取り除く。腸内をなめらかにして便通を促し、肝機能を強化して酒毒を防ぐ。

旬の落花生の甘みとコクが
存分に味わえる一椀

お好みで
パクチーをのせる

落花生汁

だしなし　白味噌

材料（2人分）

- 生落花生（さや付き）……50g
- 水……300mℓ
- 豆乳……50mℓ
- 白味噌……大さじ1と1/2

作り方

生落花生（なければ乾燥落花生）は殻と薄皮をむいて一晩水に浸ける。

↓

鍋に浸け水ごと落花生を入れて中火にかけ、沸いたらふたをして弱火で30分ほど煮て、豆乳と味噌を溶き入れる。

香ばしいくるみの香りと
つぶつぶの舌触りが後をひく

くるみ汁

かつお昆布だし　白味噌

材料（2人分）

- ・くるみ……25g
- ・ささみ……1本
- ・だし汁……300mℓ
- ・白味噌……大さじ1と1/2

作り方

くるみは炒ってすり鉢でする。ささみは筋を取って食べやすい大きさに切る。

↓

鍋にだし汁とくるみ、ささみを入れて中火にかけ、沸いたらふたをして弱火で5分ほど煮て、味噌を溶き入れる。

秋の味覚が一椀に集まり、
にぎやかな味わいに

むかごとぎんなん、なめこ

かつお昆布だし

豆味噌

材料（2人分）

- ・むかご……50g
- ・ぎんなん（ゆで）……4個
- ・なめこ……60g
- ・だし汁……300mℓ
- ・豆味噌……大さじ1と1/2

作り方

鍋にだし汁とむかご、ぎんなん、なめこを入れて中火にかけ、沸いたら弱火にして3～4分煮て、味噌を溶き入れる。

霜《そう》降《こう》

［10月23日頃］

朝は霜が降りるほど冷え込んで
れんこんや芋類がおいしくなります

朝霜が降り、山々が紅葉に染まる頃、さつまいもや里芋などのほくほくした芋類の甘みが増しておいしくなります。晩夏から出てくるれんこんも、出始めはシャキシャキとしてあっさりしていますが、秋が深まるにつれてほくほくねっとりとした食感に変わり、よりコクが出てきます。こうした食材は、大きめに切ってだし汁で煮るだけでも十分おいしいですが、少し手をかけて変化をつけてみても。れんこんはすりおろして団子にすればもちもちの食感に変わり、えびと合わせればおもてなしにもなる一品に。れんこんの筋や皮にも有効成分が豊富なので、できるだけ丸ごと利用しましょう。しいたけはグリルで焼くと香ばしくなってうま味が高まりますし、鮭やさつまいもは油で炒めて、豆乳を加えるとぐっとコクが増して洋風の味わいに。鮭の抗酸化成分アスタキサンチンは、さつまいものビタミンCと一緒にとると効果が高まるので、理想的な組み合わせです。

おすすめの食材

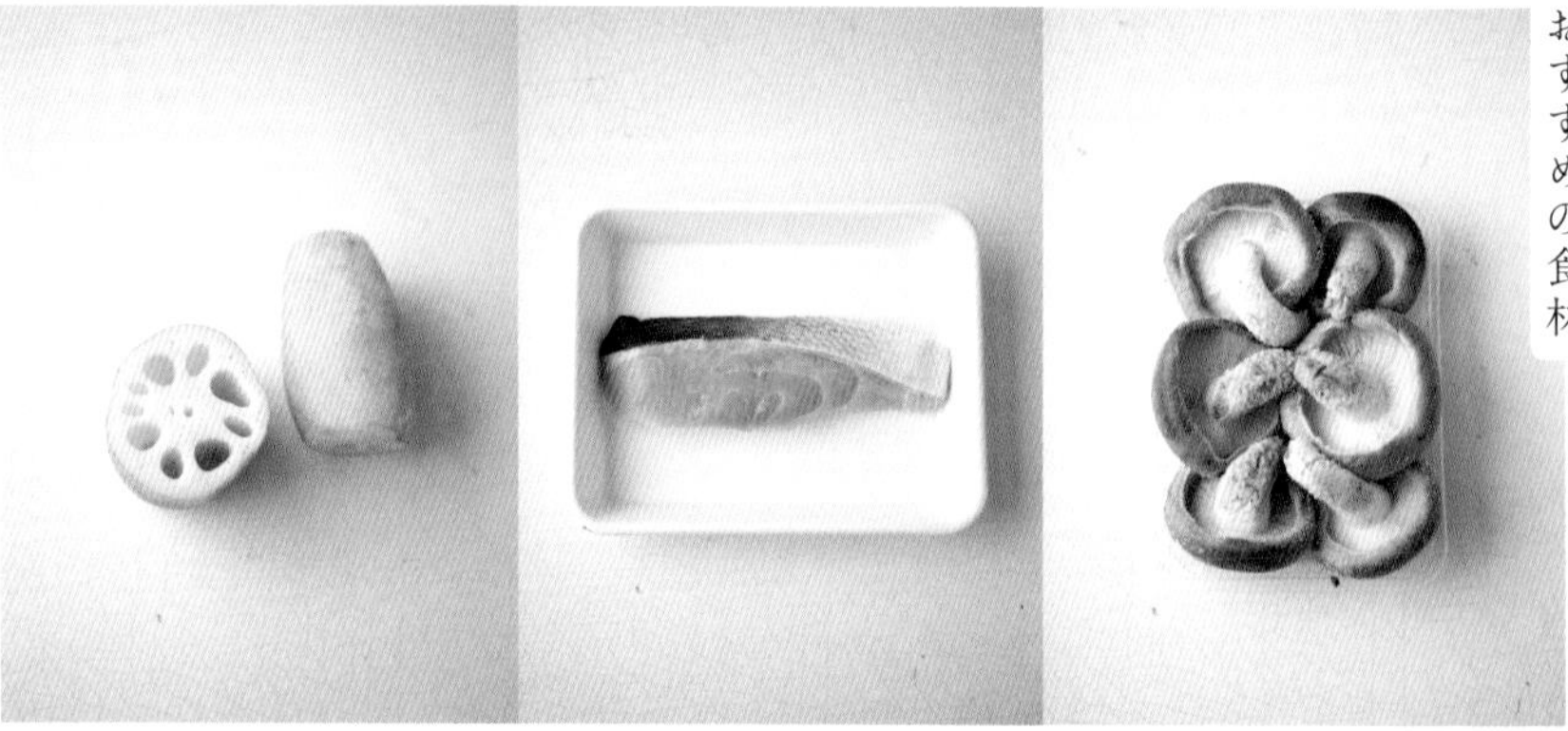

れんこん
粘り成分が胃壁や喉の粘膜を保護して消化を促進し、咳や痰を止める。瘀血や産後の鬱血にも。

鮭
胃腸を温め、血行をよくし、気を補い、筋骨を強化する。赤い色素は抗酸化作用が高い。

しいたけ
気を補い免疫力を高め風邪やアレルギー症状を予防。血圧やコレステロール値を下げる。春も旬。

「焼く」というひと手間で
しいたけと長ねぎの甘みが引き立つ

しいたけ汁

かつお昆布だし

豆味噌

材料（2人分）

- しいたけ……4枚
- 長ねぎ……1本
- だし汁……300mℓ
- 豆味噌……大さじ1と1/2

作り方

しいたけは石づきを取り、傘と軸に分ける。長ねぎは5cm長さに切る。グリルでしいたけと長ねぎを香ばしい色がつくまで焼き、しいたけの軸は手で割く。

↓

鍋にだし汁としいたけ、長ねぎを入れて中火にかけ、沸いたら弱火にして2〜3分煮て、味噌を溶き入れる。

オリーブ油で炒めて、豆乳を加え、
クリーミーな洋風の味に

鮭とさつまいもの洋風

昆布だし　米味噌

材料（2人分）

- 鮭……1切
- さつまいも……1本
- オリーブ油……適量
- だし汁……200mℓ
- 豆乳……100mℓ
- 米味噌……大さじ2

作り方

鮭は食べやすい大きさに切る。さつまいもは1cm厚さの輪切りにする。

↓

鍋を中火にかけて油を入れ、鮭とさつまいもの両面に焼き色をつける。だし汁を加えて、沸いたら弱火で3～4分煮て、豆乳と味噌を溶き入れる。

素材のうま味が
口いっぱいに
広がる上品な
仕上がり

れんこん えび団子汁

昆布だし

米味噌

材料（2人分）

- ・れんこん……1節（120g）
- ・えび……40g
- ・塩……少々
- ・片栗粉……大さじ1
- ・だし汁……300mℓ
- ・葛粉……大さじ1
- ・米味噌……大さじ1と1/2

作り方

えびは殻と背わたを取って粗めに刻み、酒少々（分量外）をふっておく。れんこんはすりおろし、えびと塩、片栗粉を加えて練り混ぜる。さらしなどで茶巾に絞り、蒸気の上がった蒸し器で5分ほど蒸す。

↓

鍋にだし汁と団子を入れて中火にかけ、沸いたら弱火にして2〜3分煮て、団子を取り出す。残った汁に同量の水で溶いた葛粉でとろみをつけ、味噌を溶き入れる。

冬

立冬―小雪―大雪―冬至―小寒―大寒

「春は生じ、夏は長じ、
秋は収し、冬は蔵する」といわれ、
冬は激しい消耗を控えて、〝蓄えること〟が一番。
体の熱や生命エネルギーである気も逃さないように、
温める食材や気を補充するような食材を中心に、
じっくり加熱してとりましょう。
発酵食品の味噌を使い、温めて飲む味噌汁は、
まさに冬にふさわしい養生食です。

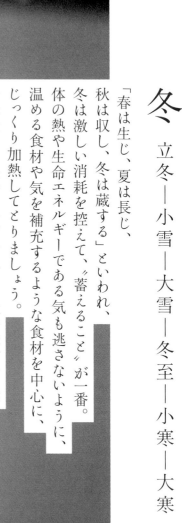

陽の光が一段と弱くなり、木枯しが吹いて冬の訪れを感じるようになりました。この頃は気温が低く、空気が乾燥しているので、切り干し大根やきのこなどの干し野菜も作りやすい季節です。干すことでうま味が凝縮されるので味噌汁もだしいらずに。乾物は戻さずにそのまま鍋に入れて水に浸し、うま味を引き出しながら使うのがコツです。えのきだけやエリンギなども使う前に数時間天日に干すと、うま味が増して、ビタミンDも増えるのでおすすめです。

立《りっ》冬《とう》

［11月7日頃］

暦の上ではこの日から立春までが冬
日脚も目立って短くなる

千利休が好きだったという、ごまをたっぷり使った利休汁は気を補い、免疫力を強化してくれる一品。にんじんのβ-カロテンは油と一緒にとると吸収率がアップするので、味噌汁にするときも油で炒めたり、仕上げにオイルをたらしたりすると効果的ですが、不飽和脂肪酸の多いごまとの組み合わせは理想的です。コクがあって温まり、寒い季節にはぴったりですね。

おすすめの食材

えのきだけ
痰を切るほか食物繊維が豊富で便通を促して解毒する。ビタミンB1や鉄はきのこ類の中でも多い。

青梗菜
熱を冷まし、血の巡りをよくしたり、精神安定作用も。β-カロテン、ビタミンC、カルシウムなどが豊富。

切り干し大根
天日干しにすることでうま味や栄養が凝縮。カルシウム、鉄、食物繊維などを豊富に含む。

腸が喜ぶ食物繊維たっぷりの一品。
ピリ辛中華風で
食も進む

切り干し大根とえのきの中華風

切り干しだし

米味噌

材料（2人分）

- 切り干し大根……5g
- えのきだけ……1/4株
- しょうが……1/2かけ
- 水……280mℓ
- ごま油……大さじ1/2
- 醤油……小さじ1/2
- 米味噌……大さじ1

作り方

切り干し大根に水を加えて5分ほどおく。えのきだけは石づきを取って長さを半分にする。しょうがはせん切りにする。

↓

鍋を中火にかけて油を入れ、えのきだけとしょうがを炒める。切り干し大根を浸け水ごと加えてふたをする。沸いたら弱火にして5分ほど煮て醤油を加え、味噌を溶き入れる。

万能ねぎを散らし、
ごまをふって
ラー油をたらす

材料は大きめに切って、食べごたえのある一杯に

青梗菜とエリンギ

しょうがのおろし汁をアクセントに

かつお昆布だし

米味噌

材料（2人分）

・青梗菜……1株
・エリンギ……1本
・だし汁……300mℓ
・しょうがのおろし汁……小さじ1
・米味噌……大さじ1と1/2

作り方

青梗菜は3cm長さに切って芯と葉に分ける。エリンギは縦薄切りにする。

↓

鍋にだし汁を入れて中火にかけ、沸いたらエリンギと青梗菜の芯を加えて2〜3分煮る。しょうがのおろし汁と葉を加えてさっと煮たら味噌を溶き入れる。

千利休が好んだごまにちなんで
名づけられた濃厚な味わいの一品

ごまをたっぷり
ふりかけ、
好みで
七味唐辛子をふる

利休汁

かつお昆布だし

米味噌

材料（2人分）

- ・にんじん……4cm長さ
- ・こんにゃく……30g程度
- ・白炒りごま……大さじ1/2
- ・ごま油……適量
- ・だし汁……280mℓ
- ・白練りごま……大さじ1/2
- ・米味噌……大さじ1と1/2
- ・醤油……少々

作り方

にんじんはいちょう切りにする。こんにゃくは手またはスプーンなどでちぎって下ゆでする。ごまはすり鉢でする。

↓

鍋を中火にかけて油を入れ、にんじんとこんにゃくを炒める。だし汁と練りごまを加え、沸いたら味噌を溶き入れ、醤油で味を調える。

山に初雪が舞い始め、寒さが深まるのを待っておいしくなるのが小松菜、ほうれん草、水菜などの青菜。霜が降りた後に甘みも栄養価も高まって、やっぱり冬こそベストシーズンです。薬膳では「青い野菜は血を造る」といわれ、鉄分や鉄の吸収を助けるビタミンC、造血ビタミンといわれる葉酸が豊富で、貧血の予防に役立ちます。ただ、ほうれん草は鉄の吸収を妨げるシュウ酸が多いので、味噌汁にも下ゆでしてから使いましょう。

小《しょう》雪《せつ》

［11月22日頃］

山では雪がちらちら舞い始める頃
みずみずしい青菜がおいしくなる

里芋やゆり根のほくほくした食感も、冬らしい味わい。ゆり根はお正月ぐらいしか食卓にのぼらないかもしれませんが、古くから咳止めやイライラ解消の薬用食材として利用されてきた薬効がありますから、普段からぜひ取り入れたいものです。里芋は特有のぬめり成分こそ薬効のかたまり。水にさらしたり塩でもんだりしてぬめりを取ると、大切な有効成分もうま味も流失しますから、皮をむいたらそのまま煮てくださいね。

おすすめの食材

ほうれん草

ビタミンAとCは100gで1日の必要量を満たす。鉄分豊富で貧血予防に。胃腸も活性化。

小松菜

カルシウムを豊富に含み、熱を冷まし、炎症を鎮め、精神を安定させる作用がある。便通改善にも。

里芋

ぬめり成分が胃腸を活性化し消化や排泄を促進。腫れ物ややけど、高熱の外用薬にも。

こっくりねっとりした里芋と
牛こまでうま味溢れる

里芋と牛こま

昆布だし

米味噌

材料（2人分）

- 里芋……2個
- 牛こま切れ肉……70g
- にんにく……ひとかけ
- ごま油……小さじ2
- だし汁……300mℓ
- 米味噌……大さじ2

作り方

里芋は皮をむいて食べやすい大きさに切る。にんにくはみじん切りにする。

↓

鍋を中火にかけて油を入れ、にんにくと牛肉、里芋を炒める。牛肉の色が変わったらだし汁を加えてふたをし、沸いたら弱火にして里芋が柔らかくなるまで煮て、味噌を溶き入れる。

薬味が効いて香り高く
具材たっぷりなピリ辛味

小松菜のチゲ風

いりこだし

豆味噌

糸唐辛子を飾る

材料（2人分）

・小松菜……2株
・豆腐……1/6丁
・えのきだけ……1/4株
A［にんにく1かけ、しょうが1/2かけ、長ねぎ4cm長さ（すべてみじん切り）］
・ごま油……大さじ1/2
・だし汁……300mℓ
・キムチの汁……大さじ2（※キムチの具材を入れてもよい）
・米味噌……大さじ1

作り方

小松菜は4cm長さに切る。豆腐は賽の目に切る。えのきだけは石づきを取って4cm長さに切る。

↓

鍋に油を入れて中火にかけ、Aを炒める。小松菜の茎とえのきだけを加えて炒める。だし汁を加え、沸いたら弱火にして豆腐とキムチの汁、小松菜の葉を加え、ひと煮立ちしたら味噌を溶き入れる。

ほくほくのゆり根が堪能できる
この時期ならではの一杯

ほうれん草とゆり根

かつお昆布だし

米味噌

材料（2人分）

・ほうれん草……1/2束
・ゆり根……1個
・だし汁……300mℓ
・米味噌……大さじ1と1/2
・豆乳……小さじ2

作り方

ほうれん草はさっとゆでて水にとり、軽く水気をしぼり、4cm長さに切る。ゆり根は1枚ずつはがして泥を洗い落とす。

↓

鍋にだし汁とゆり根を入れて中火にかけ、沸いたら弱火にして2〜3分煮る。ほうれん草を加えてさっと火を通し、豆乳と味噌を溶き入れる。

大《たい》雪《せつ》

［12月7日頃］

山は雪の衣をまとい、動物は冬ごもり
お正月に向けて慌ただしい季節に

平地でも初氷が張り、霜柱を踏むようになると本格的な冬の到来です。常備野菜として1年中口にするにんじんは、旬のわかりにくい野菜の代表かもしれませんが、本来は10～12月が旬。この時期のにんじんは、やはり甘さも香りも味の濃さも違います。皮に近い部分ほど栄養価が高く味も濃いので、できるだけ皮ごと使ってください。白菜は芯や外葉の部分も栄養価が高いので、捨てずに丸ごと利用しましょう。みじん切りにしてみぞれ仕立てにすれば、固い芯も外葉も食べやすくなります。水菜はシャキシャキとした歯ざわりが持ち味。アクが少なく生でも食べられるので、味噌汁にも仕上げにさっと加えれば、加熱に弱いビタミンCの損失も防げます。白菜をはじめ、水菜や大根、ごぼうなど、冬が旬のものでも体を冷やす性質のものがあるので、組み合わせる食材や吸い口で温めるようにバランスを取りましょう。そもそも味噌は体を温めてくれるので冬には安心ですね。

おすすめの食材

水菜
β-カロテン、ビタミンC、カルシウム、鉄、葉酸などが豊富な緑黄色野菜。壬生菜や京菜も仲間。

にんじん
抗酸化作用のあるβ-カロテンが豊富。皮膚の粘膜を正常に保ち、免疫力を高める作用も。

白菜
胃や胸、腸の熱を取って胸焼けやむかつき、便秘の改善に。二日酔いの民間薬にも。体を冷やす性質。

白菜で雨と雪が入り混じった
みぞれ風に仕立てて

白菜みぞれ汁

かつお昆布だし

米味噌

材料（2人分）

- ・白菜……2枚
- ・生しいたけ……2枚
- ・だし汁……300mℓ
- ・葛粉……大さじ1
- ・米味噌……大さじ1と1/2

作り方

白菜はみじん切りにする。しいたけは石づきを取って傘は細切り、軸は手でさく。

↓

鍋に白菜を入れ、ひたひたのだし汁を加えてふたをし、中火にかける。沸いたら弱火にして白菜の甘みが出るまで7〜8分煮る。残りのだし汁、しいたけを加えて中火にし、ふつふつとしてきたら同量の水で溶いた葛粉でとろみをつけ、味噌を溶き入れる。

お好みで
溶き辛子を
落とす

しゃりふわっとした食感を味わう
サラダ感覚の味噌汁

しりしりにんじん

かつお昆布だし

米味噌

お好みでごま油をたらし、炒りごまをふる

材料（2人分）

- にんじん……1本
- たまねぎ……1/4個
- だし汁……300㎖
- 米味噌……大さじ1と1/2

作り方

にんじんは粗めのスライサー（しりしり器）などでせん切りにする（なければ包丁で）。たまねぎは薄切りにする。

↓

鍋にだし汁とたまねぎを入れて中火にかけ、沸いたら弱火にして2〜3分煮る。にんじんを加えてさっと火を通したら味噌を溶き入れる。

シャキシャキ水菜ととろとろ卵の
コントラストが魅力

水菜と温泉卵

かつお昆布だし

米味噌

材料（2人分）

- ・水菜……1把
- ・卵……2個
- ・だし汁……300mℓ
- ・米味噌……大さじ1と1/2

作り方

水菜は4～5cm長さに切る。70℃の湯に卵を20分ほど入れて温泉卵を作る。

↓

鍋にだし汁を入れて中火にかけ、沸いたら味噌を溶き入れ、水菜を加えてすぐに火を止める。

温泉卵を割り入れ、アクセントとなる青のりをふる

冬《とう》至《じ》

［12月22日頃］

陰極まって陽となし
古くはこの日が1年の始まりに

太陽のエネルギーが復活するこの日を、古くは1年の始まりと考えました。冬至にはかぼちゃを食べたり、柚子湯に入って無病息災を願う風習がありますが、味噌汁にもその薬効を取り入れてみてはいかがでしょう。たとえば、しょうがたっぷりの葛湯に柚子と白味噌を加えれば、体の温まる味噌汁になります。柚子をはじめとする香酸柑橘は、これから春先まで出回りますが、冬の間に停滞しがちな気の流れをよくしてくれるので、吸い口として加えるだけでも効果的です。寒さが厳しくなると、五臓の中では腎の働きが低下しやすくなります。腎は生命エネルギーである気を蓄える場所で、免疫をつかさどっているため、腎の低下は免疫の低下も招きます。旬のごぼうや芽キャベツ、カリフラワーなどは腎を補う食材ですから、この時期に最適です。鰤は体を温め、血の巡りをよくする食材。特に年末年始は寒鰤と呼ばれ、脂が乗っておいしくなり、お正月の祝い肴に。

おすすめの食材

鰤
気や血を補い、体を温める。DHAなどの不飽和脂肪酸が豊富で、動脈硬化や高血圧に有効。

柚子
胃液の分泌を促して消化を助け、魚肉の毒を消す。皮は血行を促進する香り成分リモネンが豊富。

芽キャベツ
キャベツの4倍のビタミンCをはじめ、A、E、葉酸などが豊富。アクや苦味があるので加熱向き。

香ばしい芽キャベツと
ベーコンの洋風な組み合わせ

焼き芽キャベツとベーコン

昆布だし　米味噌

材料（2人分）

・芽キャベツ……4個
・ベーコン……2枚
・ごま油……適量
・だし汁……300mℓ
・米味噌……大さじ1と1/2

作り方

芽キャベツは半分に切る。ベーコンは食べやすい大きさに切る。

↓

鍋を中火にかけて油を入れ、芽キャベツに焼き色をつける。ベーコンも加えて焼く。だし汁を加え、沸いたら弱火にして味噌を溶き入れる。

たっぷりのしょうがと
葛粉のとろみでほっと温まる一椀

しょうが葛味噌汁

ほうれん草、
せん切りにした
柚子の皮、
残りのしょうがを
のせる

かつお昆布だし

白味噌

材料（2人分）

- ・しょうが……1かけ
- ・ほうれん草……2本
- ・だし汁……300mℓ
- ・葛粉……大さじ2/3
- ・白味噌……大さじ1と1/2

作り方

しょうがはすりおろし、半分はおろし汁をしぼっておく。ほうれん草はさっとゆでて水に取り、すぐにざるにあげて水気をしぼり、4cm長さに切る。

↓

鍋にだし汁を入れて中火にかけ、沸いたら弱火にして同量のだし汁で溶いた葛粉を加えてとろみをつけ、しょうがのおろし汁と味噌を溶き入れる。

酒蒸しにした鰤がやわらか。
濃厚な豆味噌がよく合う

鰤ごぼう

だしなし　豆味噌

せん切りにして
水にさらした
長ねぎを
天盛りにする

材料（2人分）

- 鰤……1切
- ごぼう……1/4本
- 酒……大さじ1
- 水……280mℓ
- 豆味噌……大さじ1

作り方

鰤は2つに切り、塩少々（分量外）をふってしばらくおき、水気が出たらふき取る。ごぼうは皮ごと薄切りにする。

↓

鍋に鰤を入れ、酒をふって中弱火にかけ、ふたをして2〜3分酒蒸しにする。ごぼうと水を加え、沸いたら弱火にして5〜6分煮て、味噌を溶き入れる。

小《しょう》寒《かん》

［1月5日頃］

寒さが本格的になる寒の入り 七草や小豆を食べる風習を味噌汁に

　年末年始の食べ過ぎで、胃もたれや胃痛などを起こしやすい時期。ビタミンや消化酵素の多い七草粥を食べる風習はとても理にかなっています。粥だけでなく味噌汁にも、かぶ（すずな）や大根（すずしろ）などの身近な葉を利用してみてください。葉は実よりもビタミンCが豊富で、苦味のある葉も味噌と合わせると食べやすくなります。もう一つ、古くからの風習として取り入れたいのが、旧暦1月15日の小正月に小豆粥を食べること。小豆は解毒作用や利尿作用に優れるため、昔は毎月1日と15日に食して毒素や余分な水分を排出し、体の大掃除をしていたそうです。今でも小正月にだけその風習が残っている地域がありますが、小豆を味噌汁に加えればより手軽に取り入れられるのではないでしょうか。

　お餅は体を温め、気を補ってくれる冬にこそ食べたい食材。ただ、消化に負担がかかるので、消化酵素の多い大根おろしと合わせると胃腸への負担が和らぎます。

おすすめの食材

せり

日本原産の春の七草の一つ。香り成分が血管を強くし血流をよくしたり、胃の働きを活性化する。

大根

消化を促す消化酵素が豊富。のどの痛みや咳や痰を止める。冷やす性質。葉はビタミンCが豊富。

小豆

新豆が出るのは9～10月。余分な水分を排出する働きが高い。胃腸を整え、邪気を払い、解毒する。

小豆の煮汁をだし代わりに。
豆乳でうま味をプラス

小豆汁

小豆の煮汁

白味噌

材料（2人分）

- ・小豆……大さじ3
- ・小豆の煮汁……200mℓ
- ・白玉粉……50g
- ・大根おろし……45mℓ
- ・豆乳……100mℓ
- ・白味噌……小さじ4
- ・みりん……小さじ1

作り方

小豆は洗ってたっぷりの水を入れて火にかける。沸いてから2〜3分してざるにあげて渋きりする。再びたっぷりの水を入れて中火にかけ、沸いたら弱火にして40〜60分ほど豆が柔らかくなるまで炊く。白玉粉と大根おろしをよく混ぜて練り、6等分して丸める。熱湯に加え、浮いてから2〜3分したら水をはったボウルにとる。

↓

鍋に小豆の煮汁を入れて中火にかけ、沸いたら豆乳と白味噌、みりんを加える。

器に白玉団子と小豆を入れ、味噌汁を注ぐ

おろし大根が入ったお雑煮風。
お餅がさっぱりいただける

餅を入れ、
柚子を飾る

餅おろし汁

かつお昆布だし　米味噌

材料（2人分）

・大根……3cm長さ
・餅……2個
・だし汁……300mℓ
・米味噌……大さじ1と1/2

作り方

大根はすりおろす（水気はきらない）。餅はグリルなどで焼いておく。

↓

鍋にだし汁を入れて中火にかけ、沸いたら大根おろしを汁ごと加える。ひと煮立ちしたら味噌を溶き入れる。

お正月疲れの胃にやさしいお椀。
好みの青葉を、好きな分量入れて

七味唐辛子をふる

青葉汁

かつお昆布だし　米味噌

材料（2人分）

- かぶの葉……1/2個分
- かぶの実……1/2個
- 大根の葉……1/4本分
- せり……2〜3本
- クレソン……2〜3本
- だし汁……300mℓ
- 米味噌……大さじ1と1/2

作り方

葉はすべて細かく刻んでおく。かぶはくし形切りにする。

↓

鍋にだし汁とかぶの実を入れて中火にかけ、沸いたら弱火にして3分煮る。葉を加えて、再び沸いたら味噌を溶き入れる。

大《だい》寒《かん》

［1月20日頃］

1年で最も寒さの厳しい頃
魚介は栄養分や甘みを蓄えています

寒さがひときわ厳しくなってくるこの時期は、なによりも体を温める工夫をしましょう。味噌汁にも酒粕を加えたり、唐辛子や山椒など温める性質の強い薬味を利用するのがおすすめです。味噌も、寒い時期は白味噌のような塩分の穏やかなほっこりした甘味噌がよく合います。

寒さとともにおいしくなるのは、しじみや鱈などの魚介類。寒さから身を守るために栄養分や甘みをたっぷり蓄えています。特に、しじみはうま味がしっかり浸み出した汁を味わえる味噌汁が一番。一緒に合わせたせりは、香り高くシャキッとした歯応えが身上ですから、最後に加えて加熱時間を短くするのがコツです。鱈は味は淡白ですが、イノシン酸とグルタミン酸の両方を含み、とてもいいだしが出ますから、やはり汁物や鍋物が向いています。秋から冬のかぶは甘みが強く、皮も実もしまっています。水っぽくないので、すり下ろして使いやすく、消化酵素もアップします。

おすすめの食材

鱈

脂質が少なく消化吸収がよい。ビタミンDやB群が多く、体力向上、代謝促進、貧血予防などに。

しじみ

夏と冬が旬。体を冷やす性質。肝臓の薬として知られ、二日酔いや黄疸や口の渇き、目の疲れに。

かぶ

春と冬が旬。五臓を補い、消化を助け、気を落ち着け、咳や痰を止め、口の渇きを癒す働きがある。

酒粕入りでほっと温まる
クリーミーな一椀

かぶの酒粕
あわふわポタージュ風

かつお昆布だし

白味噌

材料（2人分）

- ・かぶ（大）……1個
- ・たまねぎ……1/4個
- ・ごま油……適量
- ・塩……少々
- ・酒粕……小さじ1
- ・だし汁……100㎖
- ・豆乳……200㎖
- ・白味噌……小さじ2

作り方

かぶとたまねぎは薄切りにする。

↓

鍋を中火にかけて油を入れ、かぶとたまねぎを塩をふって炒める。しんなりしたら酒粕を加えてさらに炒める。だし汁を加えてふたをし、沸いたら弱火にしてかぶが柔らかくなるまで煮る。ハンドミキサーなどでなめらかにし、豆乳、味噌を加える。

万能ねぎをのせ、好みできんかんの輪切りを飾る

香り高いせりを
シャキシャキ味わって

せりとしじみの赤だし

粉山椒をふって
仕上げる

だしなし　豆味噌

材料（2人分）

・せり……1/2把
・しじみ（砂抜き済）……200g
・水……400ml
・酒……大さじ1/2
・昆布……5cm角1枚
・豆味噌……大さじ1と1/2

作り方

せりは根っこごと4〜5cm長さに切る。

↓

鍋にしじみと水、酒、昆布を入れて中火にかけ、ふたをする。途中アクが出たらすくい取る。沸いたら弱火にし、しじみの殻が開いたら、昆布を取り出し、せりを加えてさっと火を通し、味噌を溶き入れる。

味噌で煮込んだ日本海の郷土料理。
寒い季節には体の芯から温まる

斜め切りにした
万能ねぎをのせ、
七味唐辛子をふる

鱈汁

昆布だし

米味噌

材料（2人分）

- 生鱈……1切れ
- 木綿豆腐……1/4丁
- もやし……1/4袋
- だし汁……300mℓ
- 米味噌……大さじ1と1/2

作り方

鱈は半分に切って塩（分量外）をふってしばらくおき、水気が出たらふき取る。豆腐は2cm角に切る。もやしは下ゆでしてざるにあげておく。

↓

鍋にだし汁を入れて中火にかけ、沸いたら鱈を加える。ふたをして沸いたら弱火にして5分ほど煮る。豆腐ともやしを加え、再び沸いたら味噌を溶き入れる。

あいうえお順 素材別索引

※〔 〕内は「おすすめ食材」として載せられなかった素材の性質や働きです。

山田奈美 やまだ・なみ

薬膳・発酵料理研究家。国際中医薬膳師。「食べごと研究所」主宰。「東京薬膳研究所」の武鈴子氏に師事。東洋医学や薬膳理論、食養生について学ぶ。雑誌やwebなどで発酵食や薬膳レシピの提案や解説を行うほか、神奈川県葉山町のアトリエ「古家1681」にて、「和食薬膳教室」「季節の仕込みもの教室」「発酵教室」「離乳食教室」などを開催。日本の食文化や手しごとを継承したり、体にやさしい季節の食養生を伝える活動を行い、幅広い世代の支持を集めている。著書に『昔ながらの知恵で暮らしを楽しむ家しごと』（エクスナレッジ）、『ぬか漬けの基本　はじめる、続ける。』（グラフィック社）、『季節のお漬けもの』（家の光協会）、『疲れた日のスープ 頑張る日のスープ』（文化出版局）など。

二十四節気のお味噌汁

２０２０年10月25日　第１版第１刷発行
２０２３年11月28日　第２刷発行

著者
山田奈美

発行所
ＷＡＶＥ出版
〒１０２-００７４
東京都千代田区九段南３-９-12
ＴＥＬ　０３-３２６１-３７１３
ＦＡＸ　０３-３２６１-３８２３
振替　００１００-７-３６６３７６
Email : info@wave-publishers.co.jp
https://www.wave-publishers.co.jp

印刷・製本
中央精版印刷株式会社

NDC 596 127P 21cm ISBN978-4-86621-309-5

デザイン
三木俊一（文京図案室）

撮影
宮濱祐美子

企画・構成
時政美由紀（マッチボックス）

編集
堂坂美帆（ＷＡＶＥ出版）

Special thanks
春日泰宣、春日大地

撮影協力
纐纈裕子